東京の台所

大平一枝

毎日文庫

おしゃべりな台所

コンクリートの打ち放し、モダンな台所の吊り戸棚から出てきたオタフクソース。
ひとり暮らしには不釣り合いなほど大きい、故郷から送られてきたいびつなかぼちゃ。
恋人と旅したときに一緒に吹いたガラスのコップ。
冷蔵庫に貼られたパスタの作り方のメモ。
飲みかけの山崎のウイスキー瓶。
洗った割り箸。
米袋。

およそインテリア雑誌には載らないそれらから、
はからずも〝その人〟が見えることがある。

故郷との距離や、これまで歩んできた道。
どれほど愛されて育ってきたか、何を大事にしているか、
生活信条、将来の夢、そんなものまで。

ダイニングやリビングなどと違って
台所には、とりつくろいきれない日常が溢れかえる。
人となりと個性が、どうしても表出してしまう。

あの作家の器とか、このメーカーのフライパンというこだわり以上に
私には、食器洗いかごが邪魔で、皿を洗った端から拭いてしまわずにはいられないという無意識の習慣や、
実家で使っていたこの甘い醬油じゃないとだめなんです、というその人にしかない〝あたりまえ〟が興味深く映った。

十年前は毎週一軒訪ねた。三年目半ばから、隔週に。

今日までに、松本や沖縄、フランスなどの番外編も含めると三百軒余。
本書は、毎週訪ねていた頃の台所を中心に五十軒を抽出している。

料理をする人もしない人も、ひとりで暮らす人も誰かと肩寄せ合って暮らす人も、
どんな人の台所からも、
そこに立つ人の言葉やメロディが聴こえてくるようであった。
なんでもない鍋やマグや弁当の箱が、私に聞いて聞いてと話しかけてくる。

なんとなく食べたり使ったりしているものから、人生の一端を垣間見る。
アノニマスだからこそ見える本質も、きっとある。
そんな台所を巡るささやかな冒険から、
東京に生きる人の暮らしや心の物語を綴れたらと思った。
私がそうであったように、
台所をあとにしたときのあたたかで穏やかな胸の鎮まりが
あなたにもおとずれたら嬉しい。

目次

Ⅱ 台所図鑑

カバーデザイン・本文組版　重実生哉

住人の年齢・職業・居住エリア等プロフィールに
関わる情報は、すべて取材当時のものです。

I 三十二人の台所物語

深夜のガスコンロ前はくつろぎの指定席

小さいけれど足りないものは何もなさそうな彼女の牙城を見て、台所の本を作ろうと思った。日本茶喫茶を切り盛りする女性店主が、帰ってほっとひと息くつろぐ場所はひどく雄弁なのである。

喫茶店店主・45歳(女性)
賃貸マンション・2DK
京王井の頭線下北沢駅・世田谷区
入居14年・築35年くらい
恋人との2人暮らし

中央やや右寄り、吊り棚からぶら下がっている木の泡立て器風のものは竹の米とぎ棒。
ざるやかごは民芸店や旅先で買い求めた

小さな流しで、調理スペースも狭い。だが、ここで作れないものはないと思わせる強い何かがある。それはきっと、道具の力だ。かご、ざる、網、棕櫚《しゅろ》の鍋敷き、鉄の鍋。

住人は、とにかく台所道具が好きなのだと言う。求めると、流しの下から、古道具の棚から、さらに次々出てきた。東北で買った羽釜、京都から取り寄せたまな板、すりばち、おひつにせいろ。

「これを使いたくて、料理をしているようなものです」

と彼女は笑った。

使いこむほど手になじむ日

右）玄関から見たところ。コンロ前の、四角い木の椅子が彼女の指定席、テーブルの椅子は彼の席。
上）益子、小鹿田、読谷。焼き物に目がない。お気に入りは新宿の民芸店、備後屋。茶箪笥は捨て主に許可をもらって拾った

本の道具が、けして広くないけれど、どれもが取り出しやすくて乾かしやすい最良の場所に配置されている。

　住人は、ひとりで喫茶店を切り盛りしている。一日中ほぼ立ちっぱなしで、二二時過ぎ帰途につく。古いビルの三階の小さな部屋だが、駅から近いことと、台所の窓から、隣のビルの壁に絡まる蔦《つた》の葉が見えるところが気に入っている。

「不思議と、どんなに疲れていても、家に帰ったら料理をしたくなるんです。そのときは絶対煮込み料理ね」

窓の向かいの煉瓦色のビルに緑の蔦が絡まっている。その蔦に惹かれ部屋を借りた

しかし、店でクラッカーなど軽食をつまむので、夜は作るだけで食べないのだという。遅く帰ってきた同居の彼が煮込みを楽しみ、彼女はワインを飲みながら、コンロの前に座ってグツグツいう鍋の番をする。

「できあがる頃には零時近くになっているのだけれど、その時間がいちばん好き。ほっと落ち着きます」

ジャーッと強い炎で短時間に炒めたり焼いたりする料理は、すぐ食べないとおいしくなくなってしまうので苦手だ。それよりコトコト煮込んで翌

日本茶インストラクターの資格を持っている

朝おいしくなるような料理を好む。

ところで、この家にはダイニングルームらしきものはない。台所に置かれた年季の入ったテーブルが食卓にも調理の作業台にもなる。

彼は食卓。彼女はコンロ前。家にいるときはほとんどここにいるというから、鍋の前はくつろぎの指定席だ。

そしてその時間こそが、彼女の一日の終わりに打つ小さなピリオド。深夜の指定席で、お腹でなく、心がひたひたとおいしい匂いで満たされながら一日がお開きになる。

街にとけこむ文化住宅。美の基準はすべて自分たちの中に

入居前は砂壁に雨だれの跡。庭は荒れ放題。だが、彫刻家の夫にとって、DIYはお手のもの。広いデッキテラスに快適な台所を作ってしまった。仲良し家族五人、工夫がいっぱいの文化住宅。

美術教師・40歳(女性)
文化住宅・3K
JR中央線吉祥寺駅・三鷹市
入居9年・築年数不明
夫(彫刻家・40歳)、長女(11歳)、次女(8歳)、三女(6歳)との5人暮らし

庭にデッキを張り、家の脇に工房を作り、壁や建具《たてぐ》は塗り替えた。台所はまな板を置く調理台、ガス台を置くスペースすべてが手作りだ。

彼女は語る。

「台所で気に入っているのは、窓が大きくて開放的なところ。窓から居間の先の庭まで、夏は心地よい風が通り抜けるん

前住人が増床して作った台所部分。
元は左の壁までで、台所部分は屋外。
断熱材が入っていないので冬は冷える

ガス台置き用に、もともと一段低かったところに自作の台を置き、調理スペースを確保。
無印良品のブリ材バスケットに取っ手をつけて手作り引き出しに

です」

美大時代の友達に陶芸家も多く、もともと焼き物も好きなので、個展などに行くとつい買いたくなるが、あまり持たないようにしている。

「収納が少ないので。今は子どもも増えて家族五人ですから、毎日乱暴に使っても丈夫で、家にあっても嫌じゃない質感とデザインで、機能性の高いものを少しだけ持つようにしています。焼き物の器などはゆっくり楽しめる時期が来るまで待とうかなって」

鍋は、片手鍋と大鍋のふたつでだいたい事足りる。熱伝

台所と居間をつなぐ壁に飾り棚を自作。小さなものが多いが、色を多用していないので統一感がある

導が良くて、汁物、煮物、揚げ物、何でもおいしく仕上げてくれるル・クルーゼを愛用している。

「足りないもの？　うーん。なんだろう。何か足したら何かを処分しないと家に収まらない。だから欲しいものをあまり数えないようにしています。実際、あまり物欲はないかなあ」

台所には、プラスチック製のものがほとんど見あたらない。古い木造家屋をなだめ、手を入れながら愛《いとお》しんで暮らしている。

夫婦ともに、家は「町の財

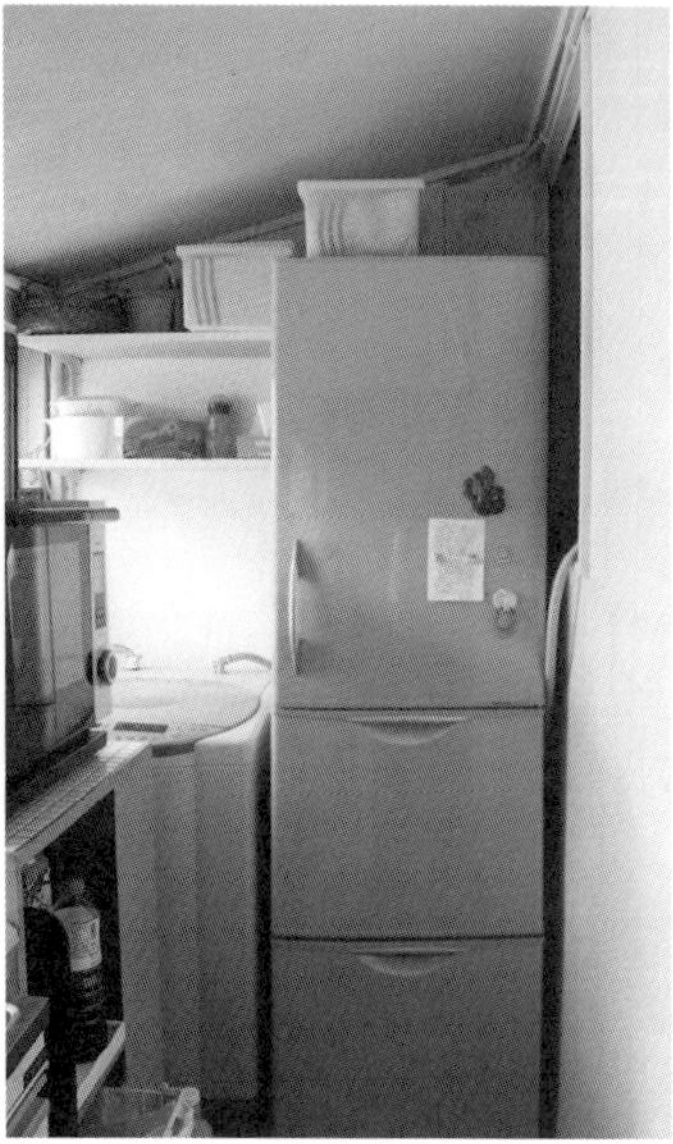
右）冷蔵庫横は洗濯機。上）5人家族だが、食器は厳選したものを少量、と心がけている。イッタラのマグは、「持ちやすくデザインに無駄がないところが好き」

産」であり、風景を作るものだと考えている。合成樹脂がどんなにカラフルで見た目がきれいでも、木や石や焼き物など自然素材の質感の美しさにはかなわないと。

歳月とともにいい味わいになるかどうか。彼らの中で住まいの美しさの基準はそこにある。質感の持つあたたかさこそ、この家の正体だ。

発見、故郷の味、思い出の品

① 夫は広島出身。つねに2本はカープお好みソースをストックしている。オタフクソースよりちょっとだけ辛口のあとを引く味

② しまいこまず、見えるところにあれば死蔵品が出ない。野菜や果物にとっても、通気性が良く理にかなった収納。買いすぎないのがルール

③ ブリキ、鉄、ホウロウ、木。どこをみてもプラスチックが見あたらない。蓋付きの容器は、子どもの抜けた乳歯入れ

④ 「持ちやすくて何でもおいしく仕上がるんです」と愛用しているル・クルーゼの片手鍋は友達からの結婚祝い

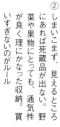

器やカトラリーを許可制で買う絶妙バランス夫婦

築三十九年のマンションを
フルスケルトンから大リフォームした。
几帳面なルール好き夫と、根っから大ざっぱな妻。
アンバランスカップルの折り合い方とは。

会社員・46歳（男性）
分譲マンション・1LDK＋S
西武新宿線武蔵関駅・練馬区
入居2年・築39年
妻（会社員・47歳）との2人暮らし

建築関連の仕事をしている彼が、建築家と一緒にこの家をリフォームした際、とくにこだわったのは素材をコンクリートと木に限定することだった。

「八〇平米しかないところに

五角形の台所。広いカウンターと大きなオーブン（包丁横）は妻の長年の夢だった

いろんな素材や色を使ったら、すぐごちゃごちゃしちゃいますから」

そのルールは、インテリアや食器にも徹底されている。

買い物好き、雑貨好きの妻は、カトラリー一本を買うにも夫に相談する。唯一彼女が自由に選べるのはマグだ。留学時代、ホストファミリー宅に家族それぞれ違った柄のマグが並んでいる光景が忘れられない。はたしてふたりの台所にはカラフルなマグが賑やかに並んでいた。

「私は引き出しを開けたら、きちっと最後まで閉められな

ダイニングテーブルは、夫と建築家でデザインを決め、オーダーしたオリジナル。足場板を天板にしている

い派。本棚も、彼は本のサイズを揃えるのですが、私は一切、無頓着です」

ちゃんと閉めなよと言われたら、「あー、そーだねー」と流す。だが、次が開けっ放しでも彼は怒らない。「いちいち注意するより、あとで僕が閉める方が早いですから」

夫は独身時代、とにかく明るくと社宅の一室を真っ白に塗っていたとか。

「今は日が沈む夕方には、家の中に陰影ができる。それがものすごく落ち着くし、ほっとする。陰っていいもんだなあ、どこもかしこも明るくな

上）妻は食器を買うのが好きなので、ここに入るだけ、と自制している。 下）台所横の元和室を茶室にリフォーム。 茶道歴20年余の夫が、来客に抹茶を点てる

くていいんだよなって今は思います」

妻が「そうそう、その部屋、私も写真で一回見たことあるけど、絶対住めないわって思ったもん」と笑った。

きっと、彼は気づいている。本を読んだ順に棚に突っ込み、引き出しを閉め忘れ、家はすみずみまで明るくなくてよしとする彼女との生活が、本当の居心地の良さを生みだしているということに。

消え行く阿佐ヶ谷住宅
夢のあとさき

二〇一一年、最後の住人が何世帯かいたころ、とにかく記録に残しておかねばという思いでシャッターを押した。七輪で魚を焼き、花見のおむすびをにぎった、それぞれの思い出が色濃く残る阿佐ヶ谷住宅で。

主婦、自営業・39歳
公団（賃貸）・3DK（メゾネット）
東京メトロ丸ノ内線南阿佐ヶ谷駅・杉並区
入居7年・築55年
夫（中華料理店主）、長男（7歳）、長女（2歳）との4人暮らし

平らな陸屋根の公団タイプと、赤い傾斜屋根のテラスハウスタイプ。後者の設計は、モダニズム建築の父と言われた前川國男と、都市計画家の津端修一が手がけている。どちらも、建築家アントニン・

右手前が玄関、台所の右奥が風呂。天井が低く、昭和の公団の面影がたっぷり

レーモンドの門下生だ。

二〇一一年から何度か取材で訪れた家は庭付きメゾネットのテラスハウスだ。公団分譲団地の先駆けと言われる阿佐ヶ谷住宅は、野村不動産によって六階建て十七棟のマンションへの建て替えが決定していた。

いつ訪れても、四季折々の花や草木が多彩な表情を見せ、柿、レモン、柚《ゆず》、橙《だいだい》、さまざまな果実が実っていた。五十年余の間に、住民が思い思いの木や花を植えてきたのだという。都会の真ん中とは思えぬこんもりとした森に赤い屋

テラスハウス棟の玄関。多様な木々が生長。植物を絡ませるガーデンアーチも個人の裁量で設置

根のテラス棟が点在する様は、アメリカ映画の一場面のよう。

　ドアノブは真鍮《しんちゅう》。玄関とトイレの間に曇りガラスがはめられ、明かり採りの役目を果たす。台所の素材は木とステンレスだ。木枠の吊り戸棚には乳白色の磨《す》りガラスが入っている。収納は今のシステムキッチンとは比べものにならないほど少ないが、古い茶簞笥や桐の簞笥と相性が良い。

　二児の母である住人は、桜の季節になるとおむすびをにぎって外で食べた。庭でもよくバーベキューをした。

「七輪も日常的に調理器具と

リビングダイニングと台所(右奥)。リビングの上は傾斜屋根なので天井が斜めの形状

して使っていました。秋刀魚やつくねを焼いたり。古くて家もきしんでいるんですけれど、幼い子がいる我が家には最高の家。朝から森の中にいるみたいに鳥の声がきこえ、緑と空に包まれ、風が抜けて気持ちがいいです」

しかし、一家は去年、ギリギリまで粘っていた立ち退きを受け入れた。

「阿佐ヶ谷住宅の木々が切られるという現実をまだ、頭と心がよく把握できていません」と無念そうに言い残して。

彼女は、やみくもに、ただ昔の古くてかっこいい建物を

器は、沖縄で買ったやちむん（焼き物）が多い。東京の骨董市でもよく買う

残そうと望んだのではない。日本の公団の歴史の中でも稀な、〃集合住宅の中で、市民がゆったりとした緑を共有しながら肩を寄せ合って暮らす形〃が築いてきた小さな森を、なんとか守りたかったのだ。

しばらくして送られてきたメールには、「もう振り返りません。自分たちが暮らした阿佐ヶ谷住宅の記憶をしっかり胸に刻んで、前を歩いて行きます」と綴られていた。彼女はあの台所でクッキーを焼き、スープを作り、子どもたちと庭で食べた記憶をまるごと次の人生に持っていく。

※阿佐ヶ谷住宅は2013年より再開発工事が開始、2016年マンションが竣工した

遊び心と機能性

① 玄関とトイレの間にはめ殺しの磨りガラスを入れ、ひとつの明かりを共有できるようにした、公団らしいミニマル設計

② 台所には日が入らないので、昼間でも電灯が必要。収納が少ないので、照明の木枠を利用して、調理ツールをハンギングしている

③ 子どもたちが大好きな皿。おやつを盛ると「あ、お相撲さんのお尻にきなこがついた」「うさぎがクリームの雪をかぶっているよ」と盛り上がる

④ ランチョンマットやコースター、クロス類、箸はすべてオープン収納。忙しい朝や来客時にも慌てず、手早く用意ができる

好きな人が生まれ育った街の味を追い求めて

たまたま観た映画でレスリー・チャンにハマった。
それがきっかけで夢中になったのは、香港家庭料理。
学校の廃棄処分の机や、手作りキャビネットの並ぶ
台所で、今日も魔法のようにおいしい料理が生まれてゆく。

イラストレーター・54歳（女性）
分譲マンション・3LDK
西武新宿線久米川駅・東村山市
入居22年・築29年
夫（教員・52歳）、長男（24歳）、次男（19歳）との4人暮らし

「同じ人かと目を疑うほど作品によって変幻自在、ミラーボールみたいな演技力に心をわし摑みにされたのです」

レスリー・チャンに夢中になり、出身地の香港料理についても調べるようになった。好きな人がどんなものを食べてきたのか、知りたかったからだ。

卓上用ターンテーブルで気軽に香港家庭料理を楽しんでいる。ターンテーブルは住人（イラストレーター）の絵を使ったオリジナル

統一感のある吊り棚の道具。右上は20年愛用の鰹節削り器

住人自身は、四代続くハマっ子である。香港を訪れると、幼い頃の横浜中華街の異国の匂いや活気に通じるものを感じ、懐かしさを覚えた。

「香港は魚介でも肉でも、とにかく食べ尽くすのです。魚の鰾《うきぶくろ》や、豚肉なら血まで料理にする。なんというか、生き生きしているんですよね」

料理が生き生き？

「そう、葉物の炒め物ひとつにも勢いがあるんです」

一時期は、週に四～五日は香港の家庭料理を作っていたという。食材調達のため横浜中華街はもちろん、香港にも

右上）正面のレンジ棚は大学1年のとき、バイト代で東急ハンズで購入。オーディオ棚を転用。右下）ダイニング。壁は自分で塗った。カーテンで覆われた棚の中にテレビが。観るときに開ける。上）学校の倉庫にしまわれていた廃棄予定の机をもらってリメイク。黒い缶は紅茶と中国茶

足しげく通い、いつしかガイド本を出すほど詳しくなっていた。

　そんなお母さんを家族はどう思っているのだろう。

「それがありがたいことに、我が家は全員この料理が大好きなんです」

　ベランダに吊るされた、中国の芳《かぐわ》しい薬酒漬けの豚肉を毎日見ている家族が、干し肉の仕上がる日を楽しみにしないはずがない。

　さて、そうこうするうちに、あっというまに青菜炒めと海老ワンタン麺ができあがった。少量の油を加えた湯でさっと

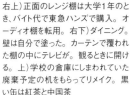

家族は連日香港料理でもOK。「おいしいおいしいと食べてくれるので助かります」とのこと。ひとりの昼食もさっと作ってしまう

茹でるという絶妙の歯ごたえの青菜、ぷりぷりの海老をめいっぱいつめこんだ大きなワンタンをほおばると、香港ソウルフードの勢いというやつが、理屈抜きに舌先から理解できる。

レスリー・チャンに出会っていなかったら、この二品は彼女の手からはうまれていなかったかもしれない。没してなお海を越えて影響を与え続けるレスリーが偉大なのか、はたまた香港の食文化が偉大なのか、さて。

日常に香港の風

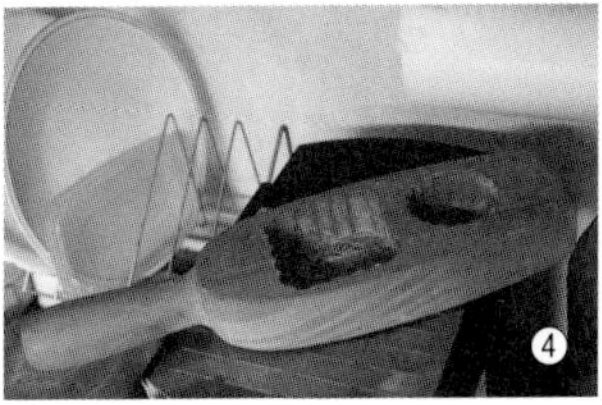

①スープやおかゆを作る鍋。蓋から蒸気が上がる。中をのぞくと対流しているのがわかる。火を止めたあとも余熱で料理ができる

②本日のお昼ご飯は金華ハム入り海老ワンタン麵。家族も大好きなワンタンは、一度にたくさん作り、いろんな料理にアレンジ

③ジャムを年間100瓶以上作り、贈り物や手みやげにしている。ジャムを煮る専用の銅鍋を買ったので、ますます熱が入る

④月餅の木の型。香港の上海街で購入。月餅は毎年1回、中秋節（旧暦の8月15日）に作り、残った分は冷凍している

南インドのお母さんたちと心も味もつながる安らぎの基地

大家さんの敷地内にある古い二階建て木造アパートでは、上階の人の話し声やいびきも聞こえる。そんなことを意に介さない彼女の家は、扉を開けるとザ・南インドなのであった。

グラフィックデザイナー・32歳（女性）
賃貸コーポ・2DK
小田急線世田谷代田駅・世田谷区
入居半年・築約40年
ひとり暮らし

取材中、携帯電話が鳴った。「あ、二階の人のかな」と彼女がつぶやく。いろんな声や音が筒抜けのアパートだが、蟻が多い以外不満はないと言う。

美大生のとき、初めてイン

玄関を開けるといきなりこの光景が。角部屋で窓が多く、開放感にあふれている

ドを一か月旅行した。以来「何もかもがおもしろすぎて」、魅了され続けている。好きが高じて昨年、デザイン事務所を辞めて一年間、南インドに暮らした。できるだけ長くとどまりたくて、ときどき飲食の露店の手伝いもした。

「とにかくあっちの人は一日中、食べ物の話ばかりしている。魚のカレーにフェヌグリークというスパイスを入れるか入れないかで、おばちゃん同士が電車の中で三～四時間話したりしているんです。どこか浪速っぽいの。すごく疲れるんだけど、日本に帰ると、

自分でデザインし、インドの活版印刷屋で刷ったポスター。インドで体験した食文化などを広める“インド的活動”に熱中

何かが物足りなくなってしまうんです」

南インドでは、ひとり知り合いになると家族にも親戚にも紹介され、どんどん友達が増える。彼女はそれを「チェーン式」と呼んでいる。

「チェーン式にインドのおいしい料理をたくさん教えてもらいました。みんな食べることが好きだし、味つけや食材選びや自分のレシピにこだわりが強い。隣の州の味つけは好きじゃないんです。お母さんたちはそれぞれ我が家の味に誇りを持っているのです」

私は、インドに比べて日本

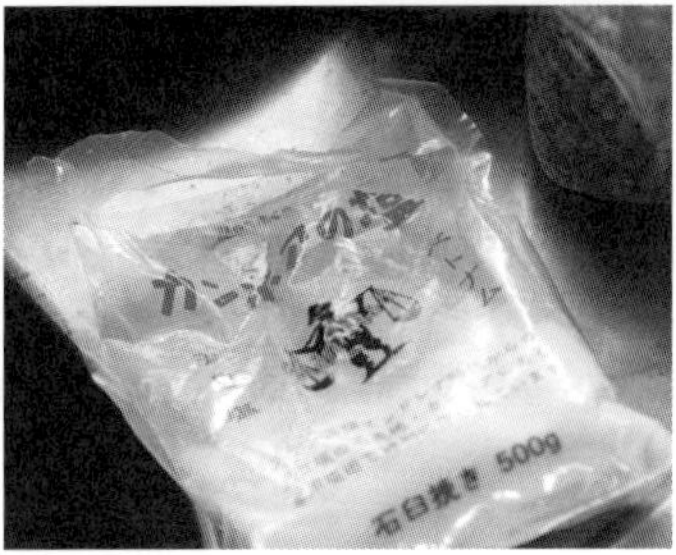

右上）ターメリック、チリパウダー、マスタードシードなどスパイスが一堂に。右下）海水だけを原料に作ったカンホアの塩はよく使う。手作業で作られたベトナムの天日塩で、まろやか。日本で買える。上）豆料理は週3回は作る。サラダ、カレー、炒め物、煮物、和食、何にでも使う

は息苦しくないですかと尋ねた。

「以前は早く行きたいと思っていたけれど、今は自分の生活のなかにインドがしっかり入っているから。あっちの人が持っているスパイスや食材や道具はだいたい持っているので、それがあるだけでなんだか安心するんです」

　南インドの人たちと同じものを食べる。それだけで心はつながっている。

ワゴンは友だちの金属造形作家から譲り受けた。スパイスや乾物の量が半端ない

インドへの思いあふれて

①インドの電器屋で購入し手で運んできた電気石臼機。インドでは一般的な家電で、米や豆を挽く

②青のホウロウ鍋はタイのマーケットで、鉄鍋は南インドで買った。毎日フル活用。小ぶりで軽くて便利すぎて手放せない

③ヒングという南インドの調味料。発酵したような強烈な匂いがするが、油で炒めるととても良い香りに変わる。切らすと困る存在

④ホウロウは丈夫で軽くて持ち運びにも適している。どこか懐かしい質感も好き

築八十年。廃品で蘇るDIYの殿堂

テレビや雑誌で活躍するDIYアドバイザーのアトリエ。古い長屋を改造した台所は、すみずみまで手作り魂がいきわたり、まさに息を吹き返したかのようだ。

DIYアドバイザー・45歳（女性）
長屋賃貸・3DK
京浜急行新馬場駅・品川区
入居3年・築80年
アトリエとして使用

昭和の古椅子は北欧ふうスツールに、廃棄処分の桐箪笥《きりだんす》の背板は台所の流し台の扉に生まれ変わる。信条は「知恵を使って最後まで使い切ること」。

古い長屋を改造したアトリ

シンクもほぼ丸ごと作り替えたアトリエの名前は「ハレルヤ工房」。昼食は毎日ここで作る

エは、その信条を形にしたものだ。創作、打ち合わせのほか木工教室を開くこともある。毎日の昼食はもちろん、納期がせまると二階で寝泊まりし、地域の祭りでは、ここで菓子やケーキを焼き、工房の軒先で売る。

DIYというのはここまでできるものなのかと驚かされる。古い流し台を自力でダブルシンクに作り変え、シンクの扉の内側にはふきんなどを入れられるようブリキのポケットを付けた。

台所道具も遊園地のように遊び心が満載だ。潮干狩り用

食器棚はガラス扉を外し、白に塗り直した。日本や各国の土鍋や焼き物がずらり

のアサリを入れるための網袋に玉葱を入れている。

「小さい頃から、集団になじみにくそうにしている子の面倒を見るのが好きでした。幼稚園では、クレヨンでピンクばかりなくなって赤が余ってかわいそうだから、私だけ赤を使ってた。今も、古くて人に見向きもされないものや、壊れてうち捨てられているものについ惹かれてしまうんですよね」

最近は近所の人から、「家を壊すから、欲しい家具をとりにきて」と言われる。これ以上増やしたくないなと思い

右）かご、木、石、鉄。自然素材が好き。かごは問屋や、“移動式かご屋”で買う。野菜は、潮干狩り用網袋へ。上）まな板、台のタイル、壁面の緑のタイルもDIY

ながらも、ついつい足が向かってしまう。

「あ、これ私を呼んでるな、なんて思って、つい持ち帰っちゃうんです」

少々はみ出し者でも、手を加えれば美しくなり、ぬくもりが蘇るもの。そういうものを選ぶものさしがぶれてないから、この台所はものがあふれているのに、うっとうしい感じがしないのだな。

左上）ティーバッグと砂糖が入ったハンギング式収納。もはやオブジェのよう。右上）壊れたライトスタンドのシェイドを外し骨組みを皿洗いスポンジ置きにリメイク。左下）手作りシンク。ふだんは木の蓋をしている。右下）扉の内側にブリキのポケットを取り付け、ランチョンマットや手拭きの収納に

古今東西、新旧混在

① 長年愛用のポット。レンジもOK。じつはディズニーランドのイクスピアリで購入。審美眼がぶれなければTDLでも掘り出し物は見つかる

② トルコグラス。「色味と、割れない丈夫さに惹かれる」。本来はトルココーヒーを作るときに使う水用のグラス。ミントティもこれで

③ 缶や箱のパッケージデザインが好き。「素敵なら再利用する。何度も使わせるデザインの力がすごいですよね」と。たしかに!

④ 18年間愛用しているさわらのおひつ。ご飯を入れてもいつまでもパサつかず、冷めたご飯もおいしい

大阪の惣菜が教えてくれた健康の秘密

大阪での転勤暮らしが教えてくれた
季節のものをいただくという食習慣。
あたりまえのことを楽しみながら続けたら
あたりまえのように健康になれた。

テーブルは中古ショップで購入。鉄の脚は自分で切った。シンクの扉はシール

会社員・43歳(女性)
分譲マンション・2LDK
東京メトロ有楽町線月島駅・中央区
入居4年・築15年
ひとり暮らし

美しく整っているが、すみずみまでしっかり暮らしの痕跡があり、毎日料理をしている人の台所だ。

転勤先の大阪から東京に戻ったとき、マンションを購入。業者を入れてリフォームをし

た。しかし、予算が足りなくなり、シンクを替えられない。しかたなく、扉一面に木目柄のカッティングシートを自分で貼った。
　かつては、零時過ぎに会社から帰宅して深夜三時頃までDVDなどを観るという生活だった。食事も適当で料理もほとんどしない。冷えたビールが大好き。
　ところがある日、原因不明の皮膚炎になり、どの病院に行っても治らず困っていた頃、大阪への転勤を言い渡された。その大阪生活で、大きくライフスタイルが変わったという。

右）キッチン家電のほか、土鍋や梅漬けなど場所をとるものはオープン収納に。 左）キッチンツールを立てている黒い容れ物は、元は植木鉢

「いかなごのくぎ煮やひりょうず、煮豆。近所のお店や市場に季節の惣菜がたくさん売られています。京都や奈良に足を伸ばすと、さらに旬の恵みを生かした料理がたくさんあって、こういう食べ物っていいなと実感しました」

次第に意識して食事や生活を改善するようになった。梅を漬け、旬の食材中心の和食を作り、なるべく冷たい飲み物を避け、ビールは一杯だけであとは赤ワインに。東京ではシャワーをさっと浴びる生活だったが、半身浴をしながらしっかり湯船につかるよう

右上）自作の鍋つかみ。 和をテーマにしたアパレルメーカー sou・souのテキスタイルを利用。右下）大阪の思い出に南高梅を漬けた。左）ベランダの一角に夕涼みコーナーが。夏はここでビールを

になった。夜は早く寝る。夏でも体や足先を冷やさない。気をつけだしたら、いつのまにか皮膚炎や冷え性が治っていた。その後、再び東京へ転勤に。

転勤先がニューヨークなどでなくてよかった。仕事好きな人ほど陥りがちなスパイラルを断ち切るのに、いかなごのくぎ煮をはじめとする、なんでもない旬の料理こそ有効だったのだ。

日本酒、三味線、野菜サラダ。充実の七十代ひとり暮らし

六十代で千葉の一軒家から世田谷のデザイナーズマンションへ。迷う彼女の背中を押したのは在りし日の夫の遺した言葉だった――。

主婦・71歳（女性）
分譲マンション・2LDK
小田急線経堂駅・世田谷区
入居8年・築40年
ひとり暮らし

海外赴任を経て帰国。千葉県船橋市に三十歳で家を建てた夫は、十一年後、いつものように「行ってきます」と出張に出かけたまま帰らぬ人となった。過労死である。

専業主婦だった住人は、三人の子を育てるため古巣の会社に再就職。以来定年まで勤め上げ、八年前にこの部屋を買った。千葉から世田谷、しかも一軒家からマンションに越すのに悩んだが、夫が遺した言葉が背中を押した。

「年を取ったら子どもたちの近くに住んだ方がいいよって、夫が言ってたのを思い出して。

ライト、収納棚、シンクは前住人があつらえたもの。使いやすいのでそのまま引き継いだ

南北に窓があり明るい。食器棚の奥がリビング

若いのになぜあんなことを言ったのかしら。早く逝く人は何か言い残していくのね、きっと」

近くに住む建築好きの娘夫婦が見つけたのは今でいうコーポラティブハウスのはしりで、一戸ずつ間取りが違う。中庭があり、共有の畑もある。

「住んでみたら、近所づきあいも楽しく、台所が中心にあって明るくて使いやすいの」

朝は野菜と蒸し肉、豆腐、サラダ、パン、コーヒー、果物をしっかりとる。昼はパスタなど麺類。夜は大好きな日本酒を必ず。一週間に一升な

小唄を20年習っている。「飲んでばかりいてもしょうがないじゃない？ 思いがけず、長く続いちゃった」

上）左の酒器は船橋の骨董屋で買った。作家名が蓋に記載されている。下）晩酌は毎晩1合

くなる。酒器にも凝る。男女問わず飲み友達も多い。背筋をぴんと伸ばし、三味線をつま弾く姿が美しい。彼女の苦労の日々を知らない私は単純に、こんな素敵な年の重ね方をしたいものだと羨望のまなざしになる。もうひとつ羨ましく思ったのはこんなこと。

亡くなる前日、胃が疲れている夫のために牡蠣雑炊を作ったという。彼は「うまいなあ。やっぱり外で食べるよりうちがいちばんうまいや」としみじみ言った。こんなに美しい最後の晩餐の思い出があろうか。

夜更けのグラス、夫婦ふたりのとき

元洋画家のアトリエ。吹き抜けのあるその家で週末は夜更けまでグラスを傾ける。泣いたり笑ったり。いろんな夜を乗り越えてふたりの今がある。

グラフィックデザイナー・46歳（女性）
戸建て・2LDK
京王線仙川駅・調布市
入居13年・築58年
夫（カメラマン・53歳）との2人暮らし

彼が彼女のアパートに転がり込んで始まった結婚生活の一年目に、ふと思ったらしい。
——賃料も高いし、頭金さえなんとかしたら家を買えるのではないだろうか？
そうして見つけたのは、武

すべて大工の造作工事。ピカピカのシステムキッチンにはない手仕事の痕跡あふれる台所

蔵野の面影残る丘陵地で、晴れた日は富士山が見える高台の古家である。

「洋画家のご主人がアトリエとして建てた家で、その後住まいも兼用にしたので台所が増築され、変わった間取りでした。リビングが吹き抜けで開放感があり、とても気に入りました」

すきま風や雨漏りもあるが、台所は大きな窓から光が入る独立した空間で、元の住人が料理をしやすいようにと作った棚やフライパンを掛けるバーをそのまま使っている。

「システムキッチンにはない

右上）流し台の半分に作業台を渡してある。右下）造作工事ならではの、ちょうどいい場所にツールバー。左）オープン棚。これも前の家主が残していったもの。食器洗いかごがシンクから少し遠いが不便はない

大工仕事の手作り感」が魅力らしい。

平日、家で食べるのは朝だけだ。共働きなので、夕食は外で済ますことが多い。そのかわり、朝はご飯、野菜たっぷりの味噌汁、焼き魚、漬け物、佃煮を並べる。

リビングのちゃぶ台に、コースターがたくさん入ったかごが置かれていた。

「俺たち呑兵衛だから、週末は焼酎やビール、ワインやらを延々飲んじゃうんですよ。そうすると、机がびしょびしょになっちゃうから、コースターを次々替える。台所にと

水槽の中に同居人の亀。テーブルは福生の店で購入した米軍の払い下げ

りに行くのがめんどうくさいから、ここに置いてるんです」

　週末は、お気に入りの生ハム屋で買った大好物のサラミをつまみに、録画しておいた歴史や紀行ものの番組を観ながら、朝方ちかくまでふたりで飲み、しゃべり続ける。「それが僕にとっての至福の時間です」と、彼女がいないところで彼は教えてくれたのだった。

　羨ましいくらい仲がいい。と、取材後、彼女から「あのときは恥ずかしくて言えなかったのですが」という前置きが添えられたメールが届いた。

リビングダイニング。１階は台所＋リビングダイニングのみ

そこには、思いがけない心情が綴られていた。子どもが欲しかったが授からなかったこと。あきらめきれず悶々とした日々が二年以上続いたこと。子育てという経験は手にできなかったけど、そのぶん、彼と気ままな歴史旅に出かけたり、趣味の古道具を買ったり、食生活も大人の献立を楽しもう、と今は素直に思えるようになったこと……。

彼女は自分をなだめるための言い訳や割り切りではなく、彼とふたりの人生を生きていくということを、心の底から決めたのだとわかった。

冷蔵庫は結婚時、当時のアパートのサイズに収まるギリギリのサイズを購入。以来ずっと愛用中

ちゃぶ台の一角に、つまみ用のアーモンドとコースター

いろんな夫婦の形がある。

暮らしを紡ぐということは、ときに人に言えないような哀しみや、ままならない痛みを内包した苦い時間を重ねていくことでもある。それでも時が経てば何かが変わっていくし、優しくとけたり、許したり、受け入れることができるようになっていく。

ひと晩にコースターが三枚も四枚も必要になってしまうふたりが、私には羨ましく思える。朝までおしゃべりが絶えない夫婦なんて、そうそういるものではない。ないものを数えてもしょうがない。あるのは夫婦の絆。それで十分ではないでしょうか、と返信したかったが、気恥ずかしく、不遜な気もして書けなかった。絆なんて、他人がそんなに簡単に口にするものではないだろうから。

長屋の六畳で週末、宴会天国

自宅宴会の達人は
料理も道具も演出もぬかりがない。
週末、ご近所さんたちが集まって
下町の長屋のようにさしつ、さされつ……。

団体職員・46歳(男性)
賃貸長屋(1K＋縁側3畳＋玄関2畳)
西武新宿線中井駅・新宿区
入居7年・築57年
ひとり暮らし

取材ノートに途中から、「EK」と略して書きだした。それほど、彼の話には宴会という言葉がよく出てくる。
「途中で炭水化物を出すと宴会でも悪酔いしません」「長年欲しかったワインセラーは、

ガラス戸の向こうはいきなり風呂場。ふきん、電気釜、やかん。ディテールも絵になる男の厨房

夏でも最適な温度でワインを楽しめる。宴会には欠かせない道具ですね」……。

小皿は、古道具屋などで十枚単位で買う。グラスも六個から。すべての買い物は、宴会前提だ。飲み友のほとんどは、地元・中井の飲み屋で知りあった人たちだ。「飲んでも五分で帰れるし、行きつけの店の常連なので酒やつまみの好みも似ています。気を遣わないところがいい」とのこと。職場のような上下関係もない。会社の愚痴や噂話のない宴会はたしかに楽しそうだ。

築五十七年という長屋の台

吉祥寺の仲屋むげん堂で買ったアルミのグラスは、ビールを注ぐと信じられないくらいきめ細かい泡ができる

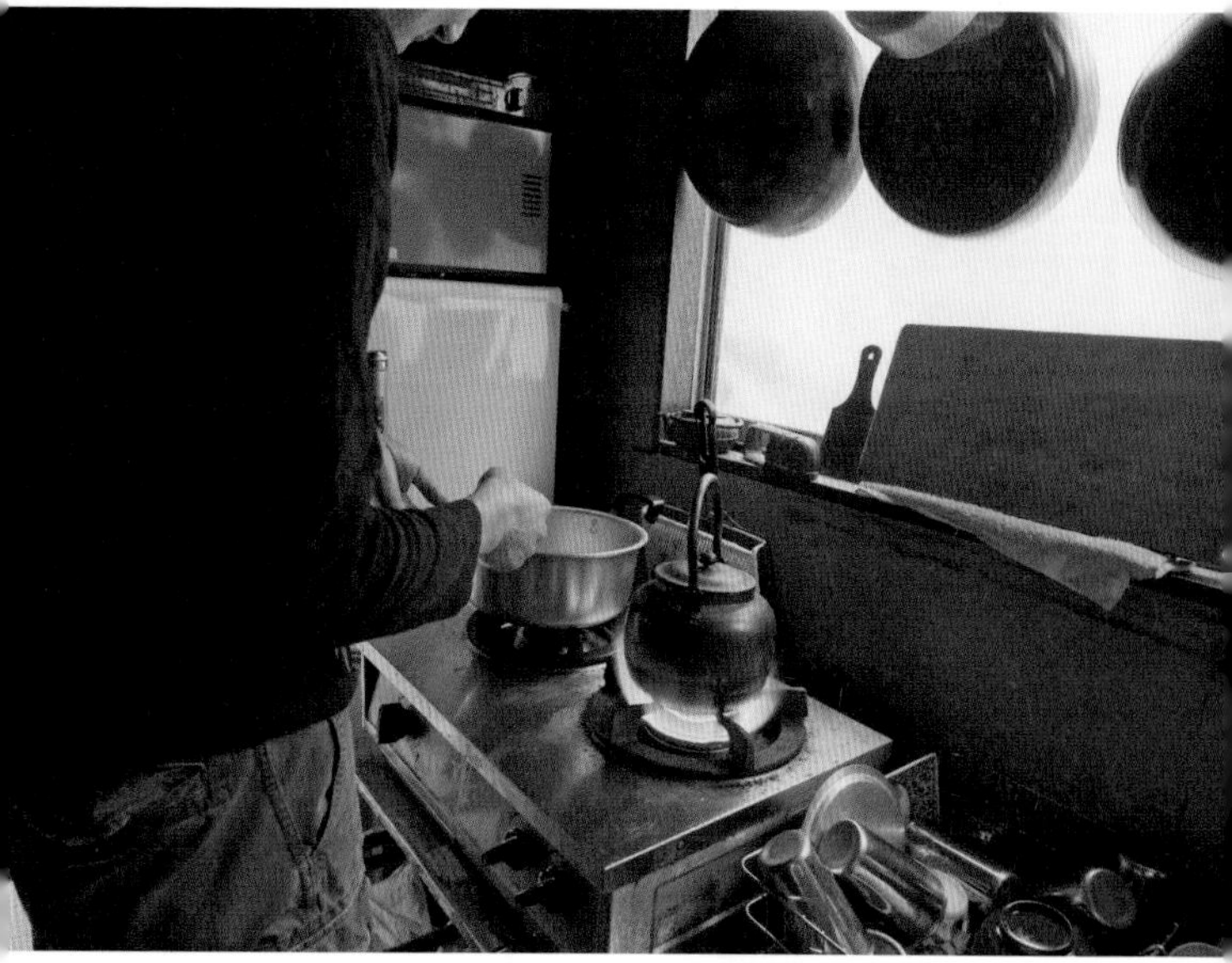

ひとり暮らしにちょうどいいサイズのやかんは、地元の古道具屋で購入

所には、フライパン、やかん、調味料など必要なものが、すぐ手が届くところにある。

ヤフオクで買った古い食器棚には、オーストリアのワイングラスブランド、リーデルのタンブラーが並んでいた。その横に古道具屋で買ったアルミのビールグラス。彼にとっては、安い・高い、古い・新しいという価値観は関係ない。すべては、宴会でみなが心地良く、おいしいものをベストのタイミングで食べられるように――。

六畳の居間には最多で十四人が入った。男ひとりの長屋

右上）白菜と豚の鍋の宴会。オーストリアの老舗ブランド、リーデルのワイングラスとともに。右下）いつもビールはこのくらいの量をストック。ひとりで飲んでも、2、3日でなくなる。上）憧れのワインセラーは7年前に購入

暮らしは自由そうだなと思っていると、「こんにちは」とつまみを持った若い女性が現れた。

「もうすぐかみさんになる人です」

もちろん出会ったのは近所の飲み屋。「料理が上手で、意外に台所がきれい」。彼女が彼を男として意識したのはこの長屋での宴会がきっかけだそうな。こんな素敵なＥＫの副産物があろうとは。

男の厨房

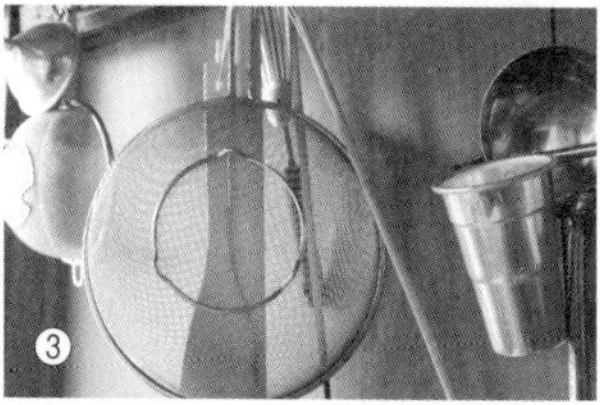

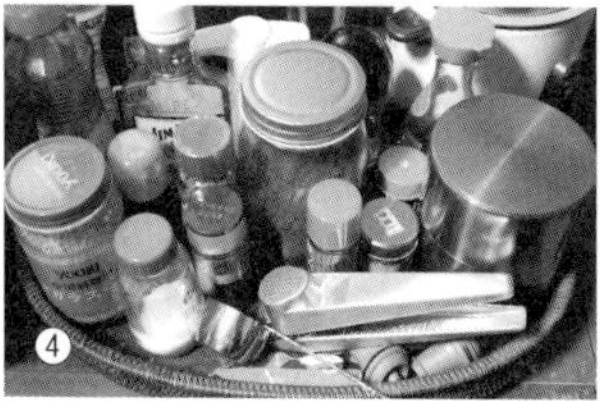

①包丁は旅先で買い求めることが多い。ペーパーバックに挟んで収納している。水分がほどよく吸い取れて便利。研ぎも自分でこなす

②氷は毎日の晩酌&宴会に欠かせない。つねにこの状態で、満杯にしている。「なによりの必需品です！」

③よく使うざるはハンギングしている。お燗をするときのちろりも、いちばん手が届きやすい場所に

④調味料はトレイに置いている。開化堂の茶筒（右端）は弟の結婚式の引き出物。にんにくしぼり器もこちら

築六十八年・米軍ハウス暮らしの先にある理想郷を求めて

大雨や台風のたびに修理をしながら、ふたりは「頼む、黒姫移住の日まで持ちこたえてくれよ」と話しかけるようにして暮らしている。壊れたら直す、自分で作るを生活信条にして。

造形作家・38歳（男性）
賃貸戸建て・3LDK
JR青梅線福生駅・福生市
入居5年・築68年
妻（布もの作家・34歳）との2人暮らし

築六十八年の米軍ハウスを自分たちで改装して住んでいる。

「入居時、台所の床は黒い油汚れがびっしり。それを剥がすところから始めて気が遠くなりそうでした」

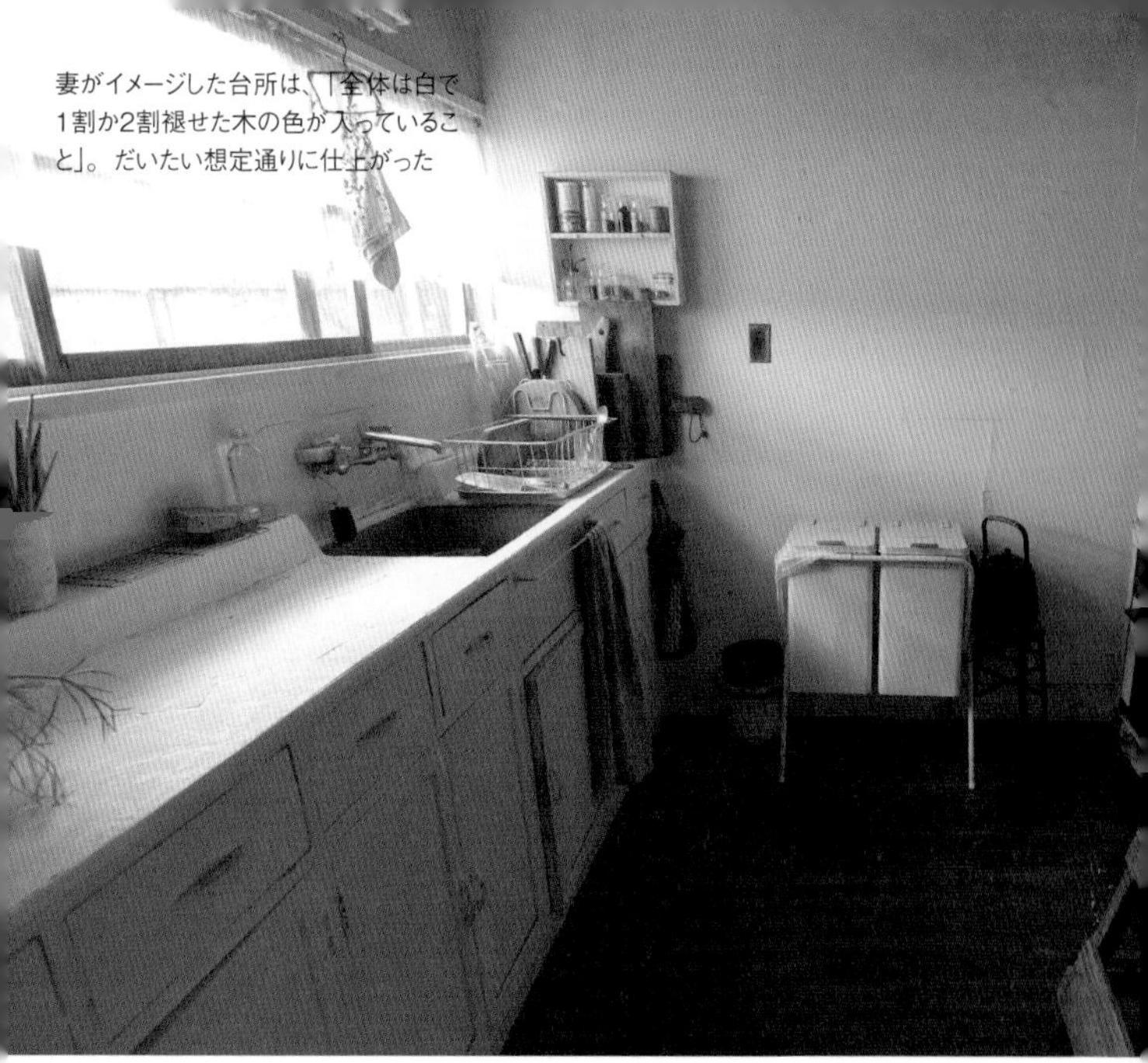

妻がイメージした台所は、「全体は白で1割か2割褪せた木の色が入っていること」。だいたい想定通りに仕上がった

一か月かけて生まれ変わった台所は、いろんな白が混じり合い、農耕や牧畜による自給自足生活をしている宗教集団、アーミッシュのライフスタイルを彷彿《ほうふつ》とさせる、シンプルで静謐な空間だ。住人夫妻にはおそらくそんなイメージはなく、自分たちが一番気持ちいいスタイルを追求したらこうなったにすぎないのだろうが。

雨漏りはしょっちゅうで、大雨や台風のたび窓や屋根を直しながら暮らしている。なにか些細なことですぐに業者を呼ぶような発想はない。自

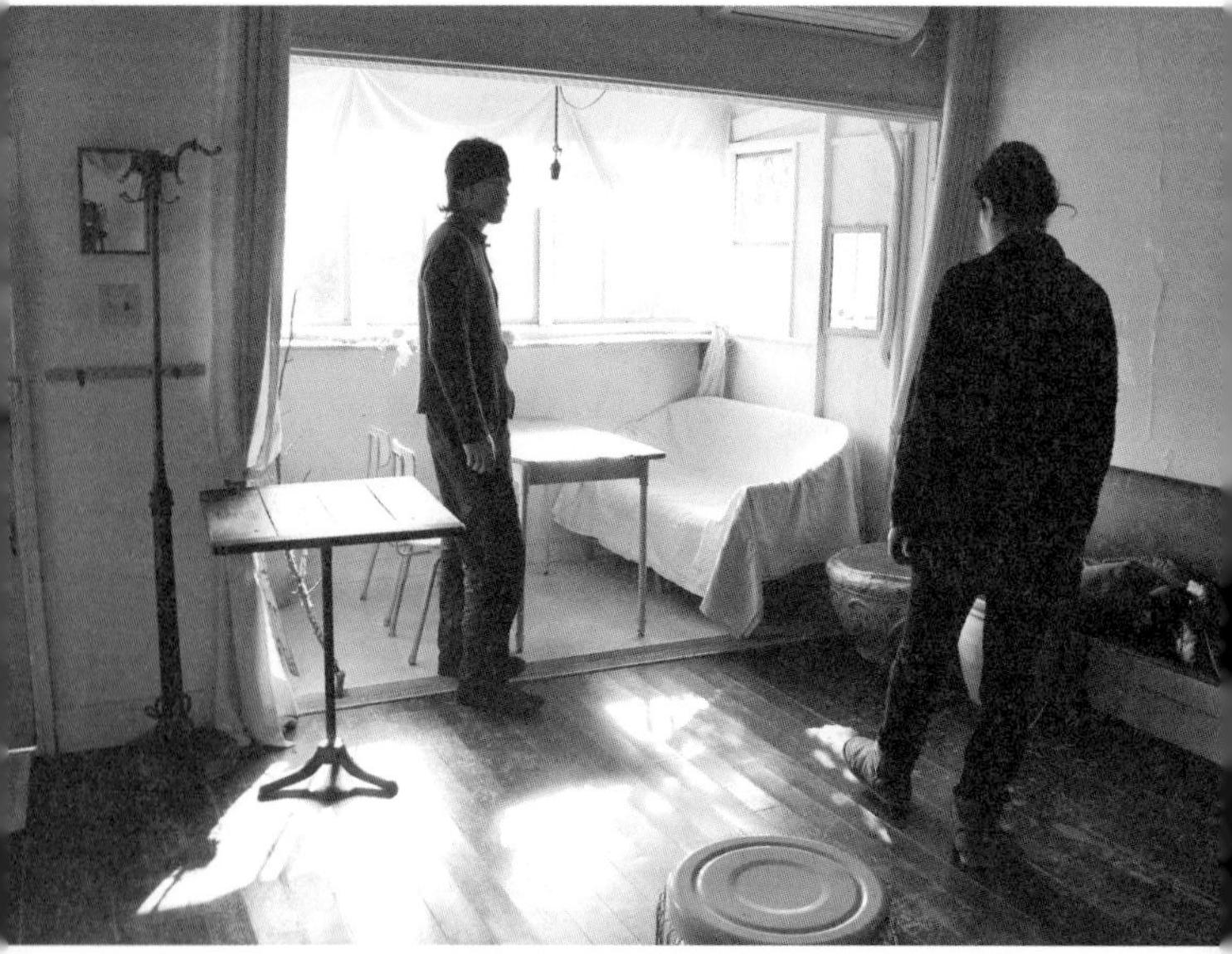

ダイニングスペースは、もともと屋外。自分たちで増築した

分たちの暮らしはできるかぎり自分たちの手で。思想の根底にぶれない信念がある。

二〇一二年、信州・黒姫に、未開拓の大地を購入、自分で家を建てている。「ゆくゆくは黒姫に拠点を移しますが、家ができるのはまだ先。その日までなんとか一日でも長くこの古いハウスにいさせてほしいなと」

以来、東京と黒姫を行き来しながら暮らす日々が続く。黒姫では自力で森を拓《ひら》き、家や小屋を建て、家畜や作物を育てるという自給自足の生活、完全移住を目指している。昨

右上）自作の調味料棚。右下）椅子や家具は作るか古道具かの2択。上）ステンレスのシンクの上にコンクリートを流して固めた

年は、夏は黒姫の開墾、冬は作品の展示販売というサイクルで暮らした。その結果、「気が狂いそうなほど忙しくて休日が一日もなかった」そうだ。そもそも結婚して五年、「何もしない休日」が、東京では一日もない。

「黒姫のりんご農家さんも正月二日から働いていました。自然を相手に暮らすということはそういうものだと思う」

手や体を動かして創造する生活は考えている以上に厳しいし忙しい。そういう暮らしの喜びの正体は、彼らだけが知っているのだ。

安く買った古道具の棚をリメイク

ディティールの味わい

① 毎晩、料理に合わせた酒を楽しむ

② ふたつとも中古のル・クルーゼ。焦げと煤で真っ黒だったのを磨き上げて復活

③ 結婚前から夫が持っていた調理道具入れ。各国の古道具

④ ケメックスのコーヒーメーカーは木製部分を塗り直した

ああ、ものが溢れて昭和の香り

初めて訪ねたのに懐かしい。
多くの昭和の台所にあった風景が
にぎやかに話しかけてくる。

整体師・37歳（男性）
賃貸マンション・2DK
JR中央線西荻窪駅・杉並区
入居5年・築約25年
実母（介護職員・65歳）との2人暮らし

出てくる、出てくる。台所のいろんなすき間から洗剤が。食器洗い洗剤は四本。それ以外にクリームクレンザー、重曹、油汚れ用住宅洗剤……。なんだか懐かしくなってしまった。私の田舎の母にそっく

玄関から台所を通ってダイニングへ。シンクやガス台周りはピカピカに磨き上げられている

りだからだ。

冷蔵庫を開けると、今度はチューブの練り辛子が二つも三つもドアポケットに挟まっている。これまた我が母同様。母と息子のふたり暮らし。住人の彼は語る。

「母親に、使い掛けの古いのは捨てなよって言うと、まだ使うからってシャットダウンされちゃう。だからもう言わないんです。喧嘩になるだけだから」

母は平日は住み込みの介護の仕事を、息子は整体師をしている。父は彼が高校生のときに、病死した。

ステンレスの棚板にフックを引っかけ、しゃもじやカトラリーを収納

「それまで専業主婦だった母が、父が亡くなっていきなり小料理屋を始めちゃったんですよ。なんとかしなきゃって思ったんでしょうね。行動が突飛で、思いつきでどんどん突き進む、ある意味アクティブな人ですね。でも、お人好しだから、客に奢っちゃうんですよ。で、六年でつぶれた。あのとき、店開くの止めてればなって今でもときどき思います。ま、俺も高校生だったから、なにもできなかったんですけどね」

彼は朝は出勤途中にパンを買い、歩きながら食べ、昼は

秤にはかわいい布を掛ける

仕事の合間に定食屋、夜は自宅でご飯を炊いて、肉を炒めるか魚を焼く。

「野菜？　ああ、意識してとったことないですね。昼の定食にちょっと添えられているのを食べる程度かな。肉か魚を食べないとやる気が出ないですから」

平日は母はいないが、週末は在宅だ。だからと言って特別ゆっくり会話を交わすわけでもない。お袋の味で好きなものはとたずねても、「うーん。ハンバーグや煮物かなあ。時間をかけて煮込む料理、昔はよく作ってたなあ。でも今は一緒に過ごすことがほぼないですね」と、淡泊な回答が。

「なるべく接点を持たないようにすること。一緒に住むならそのくらいがちょうどいいです。母としゃべっているとすぐ愚痴とか始まっちゃうから。あーだこーだ、だいたいいつもどうでもいいことをしゃべってますからね」

現実の親子の多くはきっとこうだ。ホームドラマのように、しょっちゅうわいわい言い合うようなものでもない。

遠慮がないからこそ悪態もつくし、身内だからこそ、母は息子に愚痴のひとつもこぼ

味気ない収納グッズは花柄テープでデコレーション

上）昭和のお母さんは保存容器が好きである
下）二人暮らしなのにガラムマサラが2本

したくなる。そんなとき、きっと、また同じ話だと思いながら彼は右から左に聞き流すのだろう。母は、息子が聞いていようがいまいが、話すだけで一日の疲れのいくらかはとれるにちがいないのだ。

トースターに掛けたふきん。菜箸立てに自分で巻いた花柄のテープ。昭和のお母さんはみんなこうしていた。洗剤のストックが幾つもあって、調味料もあるのにまた買ってしまう。

「過剰にないと不安なのかも」と彼は分析していたが、うちの母もそうだ。ごちゃご

食器洗い洗剤はもちろん、ソースもご覧の通り。「料理によって使い分けている節もない」とは息子の弁

ちゃないと不安で、たくさんあると安心する悪い癖がある。

　接点を持たないと言いながら、ちゃんと愚痴の内容がどうでもいい話ということを知っている。

　自分で肉を炒めるが、その肉の下味をつけて冷蔵庫に作り置きしているのは母だ。買い物も愛情も過剰。息子や娘にはそれがときどき重くもあるが、半分以上はしょうがないなとあきらめている。昭和の親子はそれでいい。

　初めて訪ねたのに、ものに溢れた小さな台所には、懐かしいかけらがつまっていた。

仕事場兼生活の場。料理家の機能的なアトリエ

あえて実家の近くに居を構え、母が野菜や草花の手入れに通う。つかず離れずの距離にこめられた娘の思いとは。

料理家・46歳（女性）
賃貸マンション・2LDK
小田急線経堂駅・世田谷区
入居10年・築40年
ひとり暮らし

世田谷で生まれ育った。十二年間料理家に師事した後独立。親しいカメラマンに「料理家はどんなに苦しくても都内に住め」と言われた。予算が潤沢《じゅんたく》だった昔と違い、今は主にスタジオではなく料理家の自宅で撮影をする。それなりの広さとスタッフが通いやすい立地が大事というわけだ。そうして不動産屋に紹介された一軒目が今の家だ。中庭には大きな柿の木や井戸があり、家は明るく風通しが良い。

「春には敷地に苔が生えるんです。それがとてもきれいなの。新緑も秋もそれぞれ、旅で留守

白い作業台は目黒の家具店でオーダー。
寝室と天窓付きのメゾネット

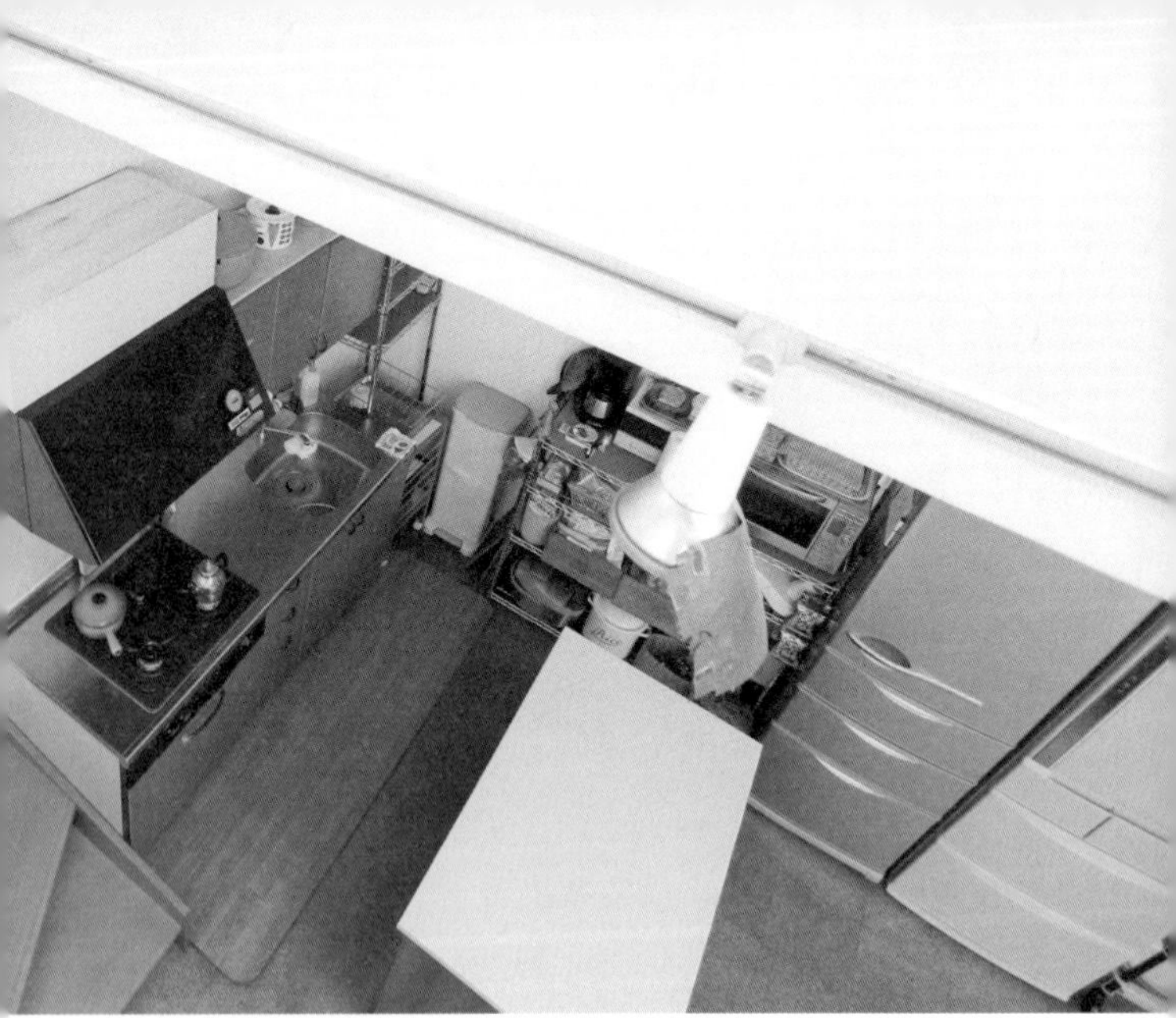

冷蔵庫2台は自家用と仕事用

にしたらもったいないと思うほど景色が良いんですよ」

台所は撮影しやすいようにシンプルで機能的だ。作業台兼食器収納庫は特注した。冷蔵庫は自家用と仕事用の二台。外にトマト、パセリの鉢植えが並ぶ。

「緑担当は母です。実家が近いのでよく遊びに来て野菜や植物の手入れをしてくれます」

実家近くに部屋を借りたのはわけがある。幼い頃から短気な父と折り合いが悪く、自分も弟も家を出た。ひとり残って父の相手をし続ける母が心配だったのだ。

右上）残り物ですが、とその場で作った昼食。鯖缶、赤玉葱をディル、ケッパー、オリーブ油、塩こしょうで味つけしたサラダがとんでもないおいしさ！ 右下）仕事用にフライパンの数もこの通り。上）作業台の下は2面から開くように設計。見た目以上の収納量に

「母は〝寂しいから別れはしないわ。だんなというより友達と思って接してるから気が楽よ〟って。そんな両親をなんとなく放っておけず私は家を出ても、実家の近くにいようと決めました」

その父が最近、病に倒れた。世話をする母にとって、緑の手入れはつかのまの休息でもある。父に対して手厳しい弟にもなんとかはたらきかけたいと思っている。離れて暮らした時間が少しずつ心をとかす。家族の欠片《かけら》をつないできた母をそっと陰で支える優しい長女の横顔がそこにあった。

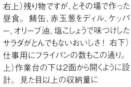

恋人同士のベジタリアンライフ

交際五年。自然食の料理教室で知りあった。
ともにベジタリアンである。
「食を通じて平和を考えたい」と言うふたりの
ダイニングには〝ドリームマップ〟が貼られていた。

料理人・29歳（男性）
賃貸コーポラス・2LDK
小田急線町田駅・町田市
入居3年・築約20年
恋人（自然食品店スタッフ・25歳）との2人暮らし

彼はフリーの料理人だ。料理教室やワンデイカフェを開いている。彼女は自然食品店でバイトのかたわら料理教室や有機農家とのイベントを企画する。

交際五年。自然食の料理教

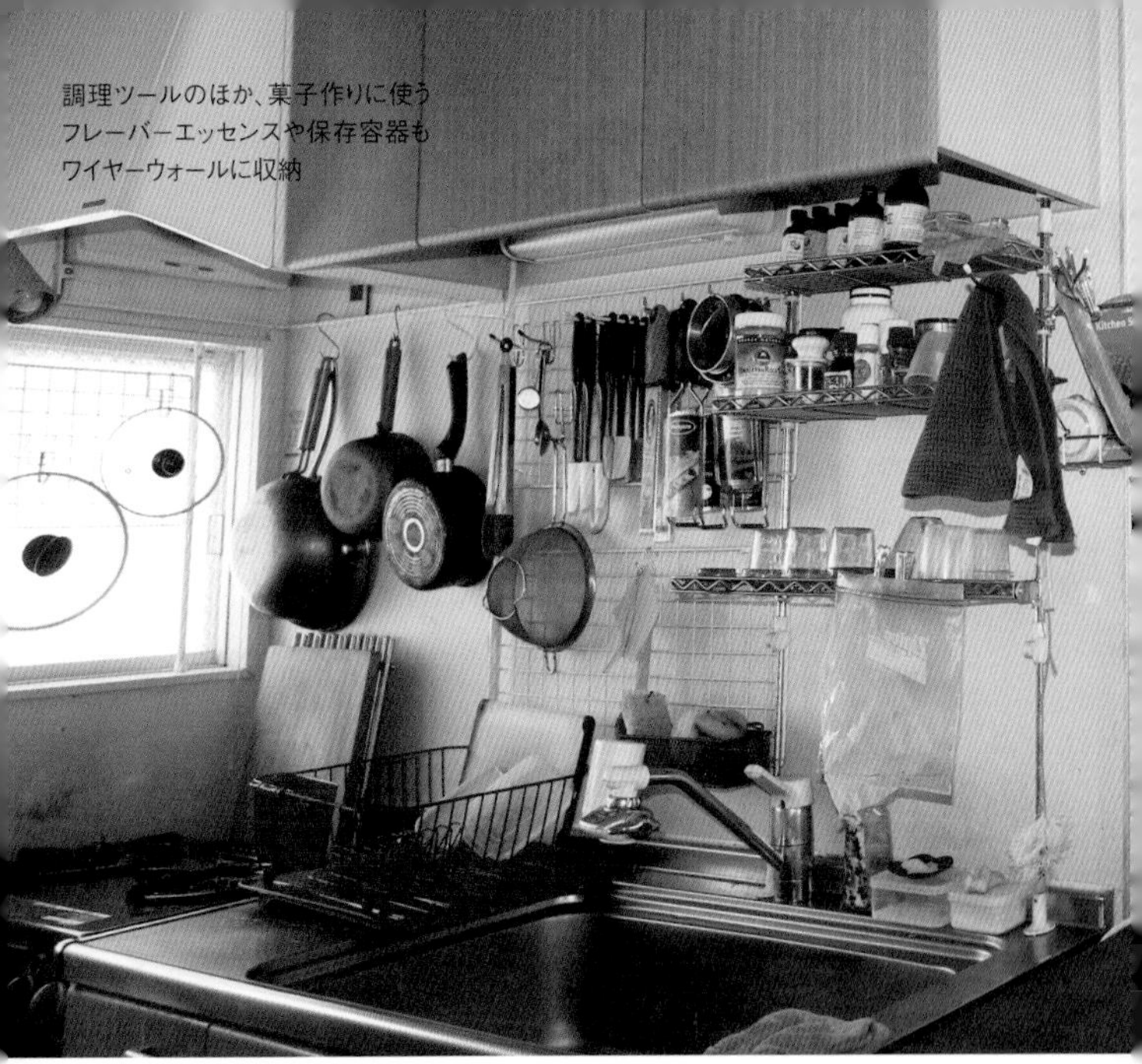

調理ツールのほか、菓子作りに使うフレーバーエッセンスや保存容器もワイヤーウォールに収納

室で知りあう以前から、ともにベジタリアンである。肉・魚・卵・乳製品など動物性食品を食べない。ローフードと言われる非加熱処理の食品をできるだけとるようにしている。この日の朝食は、野菜と果物のスムージーだ。

彼は言う。

「こだわっているというより、おいしいからやっている。一時期、ローフードが流行ったけど、流行りにのっかるのは好きじゃないんです」

高校生の時、バイト先にいた大学四年の先輩が、専攻する学問とまったく関係のない

大豆やあずき、ローリエ、ドライフルーツなどの乾物は瓶へ

会社に就職するのを見た。

「なんてもったいないんだろう。大学に行っても意味がないと思いました。一番学べるこの時期に、自分はもっと大事なことを学ぼうと決めたのです」

その後、ワーキングホリデーでオーストラリア、ニュージーランドに渡り、料理と出会う。『神との対話』という本で「宇宙人は肉を食べない」という一行に触れ、ベジタリアンに。アメリカのローフードの料理学校でも学んだ。

現在は、知り合いのカフェを定休日に借りて料理教室を

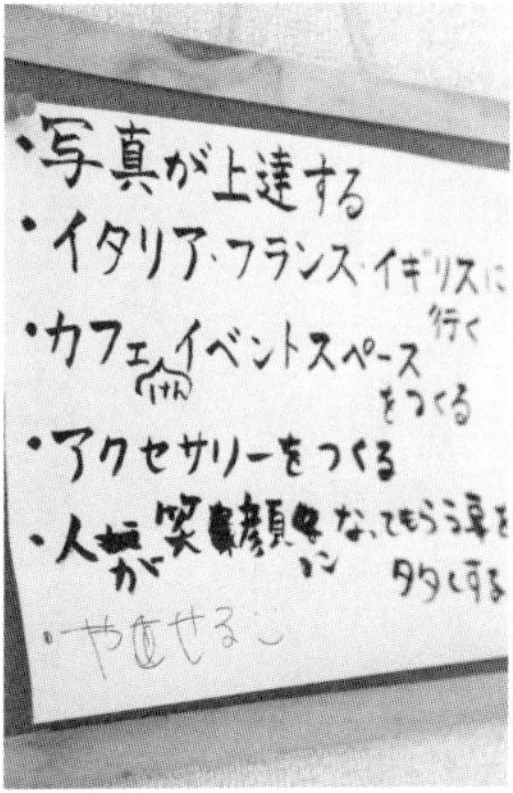

ダイニングの壁のボードに彼女の手書きの夢が。書きかけのドリームマップ

上）アメリカのSimply Organicのハーブ&スパイス。
下）料理は時間のあるほうが担当する

開く。カフェを開かないのですかと聞くと、「縛られたくないのでやりません。カフェはゴールじゃないし、自由に生きたいから」。

食卓の壁にはそれぞれの〝ドリームマップ〟が貼られていた。「〜したい」ではなく夢を実現した形で書く自己啓発法である。「食を通じて平和を考えたい」と言うふたりは今、そのマップのどのあたりにいるのだろうか。

不器用な彼がたどりついた料理の決め手

女性誌や料理本で活躍するカメラマンの妻と暮らす。しかし自宅の台所は彼の独壇場だ。プロの味を知る妻が、絶対の信頼を置く彼の手料理の決め手は「だし」。これがすべて、これしかないと語る。

会社員・48歳（男性）
戸建て・2LDK＋2S
京王線八幡山駅・世田谷区
入居8年・築48年
妻（カメラマン・48歳）との2人暮らし

「料理ができる男になれ」という母の方針で、小学生のとき、味噌汁、次にカレーを教わった。

「みじん切りの玉葱と生姜とにんにくをよく炒めてから市販のカレールーを入れます。

システムキッチンはイケア。自分たちで組み立てた。以前は台所は真っ暗な場所にあったので、夫の希望で明るい南側へ

ケチャップや牛乳を足して、最後にレモンをぎゅっ。今でも母のカレーが一番だと思っています」

大学進学で上京。自分の好きなものをお腹いっぱい好きなときに食べたいという一心で、学生寮を早々に出てひとり暮らしを始めた。最初に作ったのはマンガ『クッキングパパ』で読んだミックスベジタブルご飯。二十八年前の最初の献立を鮮明に覚えている。

「僕はものすごく不器用で。でも『クッキングパパ』で主人公の荒岩一《あらいわかず》味《み》の妻が、夫のことを〝本当は不器用な人な

右上）食器棚は実母からの結婚祝い。器のセレクトは妻担当。個性的な作家の焼き物が多い。右下）小さい方のティファールのテフロン加工のフライパンがとくに重宝。卵焼きもきれいに焼き上がる。上）乾物やレンジ、炊飯器は、押し入れをオープン棚に作り替え、1か所に集中させた

のよ〟と言うシーンを読んで、あ、僕でもいいんだと安心しました」

社会人になり、やがて料理は〝だし〟だと気づいた。だが忙しくてきちんとだしをとっている時間はない。彼にとってはそれがよかった。

「時間がない。器用でもない。でもおいしいものは食べたい。そのなかでどれだけおいしく作れるか。だしの出る煎り酒やだし醤油、手早くふっくら焼けるフライパンなどを知ってますます料理が好きになりました」

次に欲しくなるのは、食べ

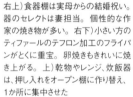

この度はご購読ありがとうございます。アンケートにご協力お願いします。

本のタイトル

●本書を何でお知りになりましたか？（○をお付けください。複数回答可）

1.書店店頭　2.ネット書店

3.広告を見て（新聞／雑誌名　）

4.書評を見て（新聞／雑誌名　）

5.人にすすめられて

6.テレビ／ラジオで（番組名　）

7.その他（　）

●購入のきっかけは何ですか？（○をお付けください。複数回答可）

1.著者のファンだから

2.新聞連載を読んで面白かったから

3.人にすすめられたから

4.タイトル・表紙が気に入ったから

5.テーマ・内容に興味があったから

6.店頭で目に留まったから

7.SNSやクチコミを見て

8.電子書籍で購入できたから

9.その他（　）

●本書を読んでのご感想やご意見をお聞かせください。

※パソコンやスマートフォンなどからでもご感想・ご意見を募集しております。
詳しくは、本ハガキのオモテ面をご覧ください。

●上記のご感想・ご意見を本書のPRに使用してもよろしいですか？

1. 可　　2. 匿名で可　　3. 不可

郵 便 は が き

おそれいりますが
切手を
お貼りください。

102-8790

東京都千代田区
九段南1-6-17
毎日新聞出版
営業本部 営業部行

ご記入日：西暦　　年　　月　　日

フリガナ		男 性・女 性 その他・回答しない
氏　名		歳
住　所	〒　　- TEL　　(　　　)	
メールアドレス		

ご希望の方はチェックを入れてください

毎日新聞出版からのお知らせ ………… ✔
毎日新聞社からのお知らせ（毎日情報メール） … ✔

毎日新聞出版の新刊や書籍に関する情報、イベントなどのご案内ほか、毎日新聞社のシンポジウム・セミナーなどのイベント情報、商品券・招待券、お得なプレゼント情報やサービスをご案内いたします。

ご記入いただいた個人情報は、(1)商品・サービスの改良、利便性向上など、業務の遂行及び業務に関するご案内(2)書籍をはじめとした商品・サービスの配送・提供、(3)商品・サービスのご案内という利用目的の範囲内で使わせていただきます。以上にご同意の上、ご送付ください。個人情報取り扱いについて、詳しくは毎日新聞出版及び毎日新聞社の公式サイトをご確認ください。

本アンケート（ご意見・ご感想やメルマガのご希望など）はインターネットからも受け付けております。右記二次元コードからアクセスください。
※毎日新聞出版公式サイト（URL）からもアクセスいただけます。

思い出のカレーを再現。コクとパンチのきいたあとひく味。すべて夫の作

てくれる女性だ。結婚相手がまたよかった。

「僕は長野、彼女は香川。しょっぱいといわれて、さらにだしを追求するようになりました」

味の文化圏が違うと、料理が広がる。

最近、男友達にしみじみ言われた。

「お前うまくなったよな。昔はよくだしのきいていないの食わされたもん」

だしの味は結婚して完成したらしい。

飲み忘れの一杯の紅茶から始まったアラフォー家作り

三十九歳で家を建てた。建築面積は七坪。半地下には、大好きな北欧雑貨が並ぶショップが。店のような住まいのような。吹き抜けが台所を明るく照らす。彼女の夢のかたちが広がる。

編集者、ショップ店主・42歳（女性）
戸建て・1LDK＋店舗
西武池袋線東長崎駅・豊島区
入居2年・築2年
ひとり暮らし

三十九歳で家を建てた。建築面積は七坪。しかも半地下に、念願の週末ショップまで併設している。

店の中を通って二階に上がると、ダイニングキッチンが広がる。吹き抜けで明るい。

台所は2階。食器棚のむこうが吹き抜けになっていて階下はショップに

オープンの作り付けの棚一面に、グスタフスベリ、アラビアなど北欧ブランドのカップ、パーコレーター、日本の焼き物が並ぶ。いわゆる見せる収納で、鍋も匙《さじ》までもインテリアの一部のよう。

「あまり料理をする方ではないので、食材はそんなにないんですよ」とのこと。だが朝は紅茶、牛乳、手作りヨーグルトのジャム添え、トーストと甘いパンをしっかり食べる。

三十代半ばまでは、無糖のコーヒーや紅茶が苦手で、砂糖を入れていた。あるとき、マグに紅茶のティーバッグを

お気に入りの器やパーコレーター、グスタフスベリやアラビアのティーカップ&ソーサーが並ぶ棚の向こうは、壁がなく開放感いっぱい

入れたまま二十分ほど忘れていた。

「砂糖なしの冷めた紅茶をひと口飲んだら、あ、おいしい!と。茶葉の風味と味わい深さにびっくりしました」

それから、紅茶教室に通いだした。蒸らしや淹れ方、スイーツとの相性などを学ぶ。紅茶の歴史や、紅茶が出てくる映画も調べた。

おいしい紅茶とお菓子があれば、それを彩る器にも興味がつのる。それまで百円ショップで器を買うこともあったという彼女は、スウェーデンのホガナス・ケラミックとい

福岡の家具メーカー、広松木工のお盆でティータイム

上）壁付けキャビネットはデンマークのユーズド。アルミやブリキの鍋はスウェーデンの蚤の市で購入。
下）鍋敷きは雑貨クリエイター・蔭山はるみさんのショップのオリジナル

うブランドの器に魅了され、北欧デザインにも関心が広がった。器だけでなくポットや調理道具、北欧家具が少しずつ増えていく中で、それが似合う家が欲しいと自然に思うようになった。

女性がひとりで家を建てるのはさまざまなきっかけがあろうが、それは一杯の飲み忘れの紅茶から始まったという気がしてならない。なんたってショップの名前はFika。スウェーデン語で「お茶をしよう」「お茶の時間」という意味である。

法事で気づいた自分の意外な〝もてなしDNA〟

作ること以上に、人に食べてもらうのが好き。自宅は都心で遊び疲れた友人らの隠れ家的存在に。そんな彼女のルーツは、どうやら遠く離れた故郷の〝あの人〟にあるようで。

会社員・35歳（女性）
賃貸マンション・2DK
東京メトロ日比谷線中目黒駅・目黒区
入居1年・築年数19年
ひとり暮らし

「母は栄養士で、人に振る舞うのが好き。私は二十八歳まで熊本の企業に勤めていましたが、母が会社の人の分まで差し入れを持たせてくれる。同僚もそれを楽しみにしていたほどです」

玄関を開けたらすぐに台所。玄関扉から
すべてミルク色でちょっとおしゃれ

その後、上京して転職。今の家は、友達のたまり場と化している。先週は、友だちふたりがご飯を食べにきた。その前の土曜は、弁当を作って新宿御苑でピクニック。ひとかかえもありそうな、パイレックスの耐熱容器は、家での宴会に欠かせない。これでラザニアなどオーブン料理をどーんと作る。

そんなもてなし好きは母親譲りと思いきや、去年の秋、法事で大分の祖母の実家に集まったときに、はっとした。

親戚一同で、外の料理屋で食事をしたあと、八十二歳の

休日のブランチ。ハムのせオムレツ、トースト、ミルクティ

祖母の家にぞろぞろと移動して、また酒盛りが始まった。料理好きの祖母も、とびきりおいしい甘い卵焼きや昆布の煮染めを作っていたが、親戚が肉だの、ワインだの、スイーツだのをそれぞれ取り寄せて、事前に祖母宅に送っていた。申し合わせたわけでもないのに。それをみんなで盛りつけて、宴会は夜遅くまで続いた。

「ああ、おいしいものをみんなでつつきあって食べるのが好きなのは、この一族の血筋なんだ、とわかりました」

あるとき、妹にこう言われ

右上）スープ用保存容器。トマトスープを入れ会社に持参。 右下）朝食はパンと卵料理を必ず食べる。 左）台所から寝室、リビングダイニング、バルコニーと続く

たことがある。

「おばあちゃんに似てきたねー」

　ひとり暮らしでいながら、いつも化粧をして身ぎれいにして、料理上手で、来客が多い祖母。そう言われて、ちょっと嬉しかったに違いない。ところで、その法事の日、あなたは何を持参したのですか？

「私？　ちょうどその前に軽井沢に旅行したので、現地からハムとチーズを送りました。みんなで食べたいなと思って」

こだわりよりも大事なものがきっとある

住宅設計で大切なこととは何か。
女性建築家の自邸から学ぶ、
暮らしの楽しみ、人生の意味。
朝日がまぶしい台所を見て考えたこと。

建築家・50歳(女性)
戸建て・2SLDK(親)+1LDK+アトリエ
多摩都市モノレール線大塚・帝京大学駅・八王子市
入居14年・築14年
夫(革物作家・51歳)、義母(81歳)との3人暮らし

「家族の笑いや幸せを育む台所こそ大切で、施主《せしゅ》の生活や気持ちに寄り添うべきだ」と早くから提唱してきた女性建築家の自邸を訪ねた。
十四年前、自身が設計した家は、東側の大きな窓からダ

朝食の時間を気持ちよく過ごしたかったので、LDKをあえて東向きにし、天窓を作った

イニングキッチンに光がさんさんと降り注ぐ。

「共働きで、昼間はふたりともここにいません。だったら、ともに過ごす朝ご飯を気持ちよくしようと、朝日がさしこむ東に窓を作りました。とても気持ちがいいですよ」

窓は南側、と紋切り型に思い込んでいた私には新鮮な驚きであった。

オリジナルデザインの換気扇は、白い囲いに四角いファンが付いただけのもの。だが油受けは簡単に取り外せて、手入れがしやすい。

「あれこれ便利な設備が付い

右）壁、収納扉、床材もすべて松。「松は日に焼けるのが早くて、一気にいい色合いになるのです」　左）自分でデザインしたオリジナルの換気扇に調理ツールを掛けている。

てなくても、作りが簡単なら、どんな人でも手入れがしやすいでしょう？」

設計の根底に、生活者としての目線がある。彼女は不意につぶやく。「私、こだわりという言葉があまり好きじゃないんですよ」

建築家に設計を依頼する施主は、こだわりのかたまりではないのだろうか。

「私自身、美大生の頃はこだわりすぎるほどこだわっていました。でも、この仕事を始めてそれは違うと気づいたのです。デザインやフォルムなんていわばフリル。飾りみた

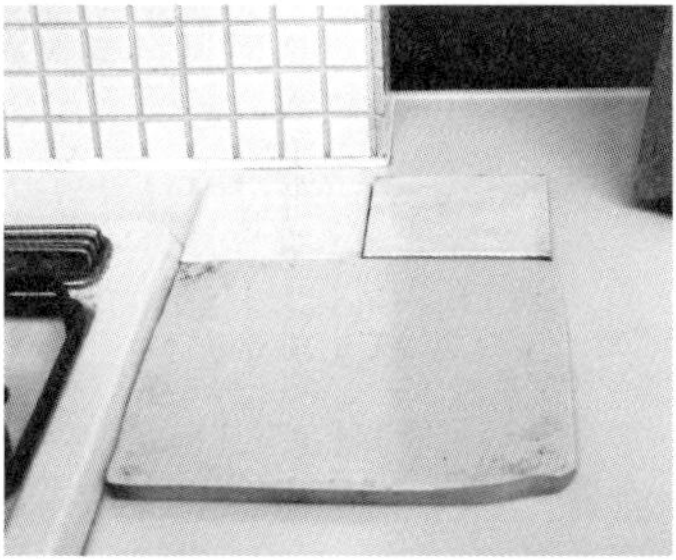

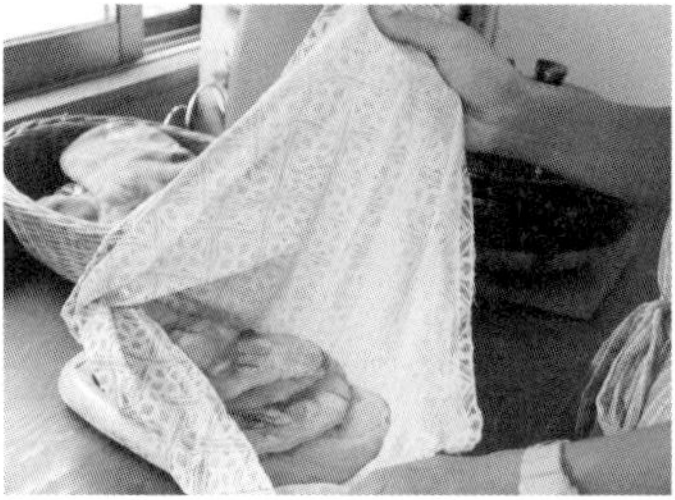

右上）メーカーから建築のサンプル用にもらうタイルを鍋敷き代わりにしている。右下）生地を捏ねて作ったフォカッチャ。自宅にアトリエを併設しているので昼食もここで作っている。上）自分の畑で家庭菜園も。野菜はほぼ自給

いなものです」

　大事なのは、そんなことじゃない。

「家づくりの核は、家族が元気でハッピーであることなんです。家族とどういう関係性を作るか。その家でどれだけ笑って過ごせるか。じつは、何を食べているかなんてこともそれほど大切じゃない。きゅうりをかじっていても、家族が笑って食べていたらそれが一番幸せなんです。私の仕事は、設計の力でそのお手伝いをすることです」

　なるほど、家というのはあくまで、ハコなのだなあ。

結婚一年。朝はふたりで「台所点前」

テラコッタタイルにシンプルなシンク。
昭和初期の建物とは思えぬモダンな台所で
点てる茶の味とは。

茶道家・31歳(男性)
賃貸戸建て・6K
京急本線立会川駅・品川区
入居1か月・昭和初期築
妻(ヨガ講師・32歳)との2人暮らし

結婚一年、今年六月に、この家に越してきた。物件を見つけたのは妻だ。個性的な物件の仲介で知られる不動産ウェブサイト「東京R不動産」で、古い日本家屋が目に止まった。古いが、風呂や台所な

大家さんの娘さんが住んでいた頃に水回りをリノベーション。シンプルなシンクはTOTO製

ど水回りは最新式にリフォームされ、建具や建材は最高級のものが使われている。「内見だけでも行ってみようよ」と妻から誘われた。

　正月の初釜に、生徒さんを招けるような、炉のある畳の広い家が欲しい。そんな自分の思いを妻は知っていたのだ。だが、腰が引けていた。

「床の間や付け書院もあるこんな立派な家で茶を点《た》てながら、晴耕雨読のように暮らすというのはまだ、遠いイメージでした。家賃が高いのもありますが、五十代、六十代になってからでいいかなと思っ

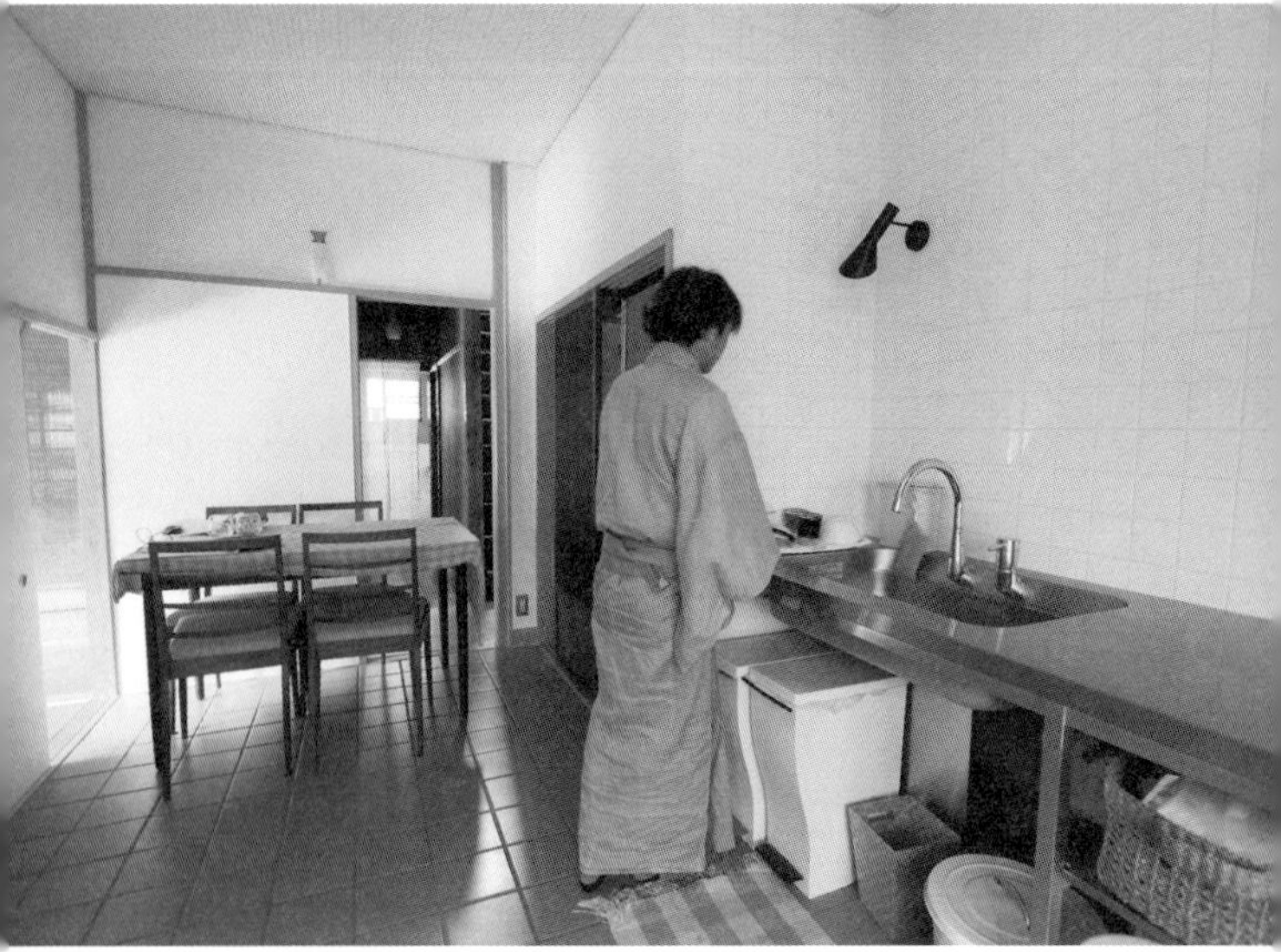

料理は得意。夕食を作ることもある

ていたのです」

家賃は、そのとき住んでいたコーポの二倍近い。若手茶道家とヨガ講師という結婚したてのふたりには何の確証もない。それでも、妻には迷いがなく、「なんとかなる」と思ったそうだ。迷う夫の背中を「大丈夫、大丈夫」とにこにこしながら押した。

かくして転居。生徒が増え、正月の初釜に招くという希望もかなった。

朝食後はテーブルで茶を点てて飲む。シャレで「台所点前」と呼ぶ、ふたりだけのひとときもこれまでなかった時

右上）自分たちで飲むときは、手軽に茶ふるい缶でふるった抹茶を台所で点てる。右下）朝はパン食。上）建具も夏用のしつらいで統一。引き戸は葦（よし）の茎を張ったよし戸になっている

間だ。

住人は「世界に通用する仕事を」と茶の道を選んだ。

まだ走りだしたばかりかもしれない。夢を叶えるのは本人だが、それを後押しする特別な空間というものが世の中には存在するように思う。

彼女は、そんな説明のできない勘のようなものがはたらいたのではあるまいか。

西荻窪の築三十年。男と女が暮らし始めるとき

大阪出身二十七歳の彼と、
仙台出身二十六歳の彼女が東京で出会い、
ひとつ屋根の下に住むようになった。

会社員・27歳（男性）
賃貸マンション・2DK
JR中央線西荻窪駅・杉並区
入居半年・築30年
恋人（会社員・26歳）と2人暮らし

「今、結婚資金を貯めているところです」と彼は照れくさそうに言った。一緒に暮らし始めて半年。西荻窪は、かつてこの近くの大学に通っていた彼女が「いつかは住んでみたい」と思っていた街だ。

築三十年の台所は、風呂の扉が閉まらなかったり、窓が壊れたり、最近では、蛇口をひねるとどういうわけかお湯が出るそうだが、ふたりはこの古い部屋をとても気に入っている。

「静かで安いんです。そのうえ西荻窪は散歩をするだけでも楽しい。だからなんの不満

赤いワゴンは彼女の持ち物。オープン食器棚兼カウンターである

食器棚がないので、吊り戸棚も食器収納に活用

もありません」

実は同じ会社に勤めている。七時半にふたりで家を出て、夜は二十二時頃帰る。節約のため、外食は控えている。

彼女が作る夕ごはんを食べて、日付が変わる頃に就寝。そのかわり、土日はふたりでゆっくり食事をとる。

台所や部屋のあちこちに、彼女の活けた一輪挿しがある。

「大学進学のために仙台から上京して、ひとり暮らしをしていた頃はよくホームシックになりました。ふたりで暮らすまで、花を生けるなんていう習慣もありませんでした。

やかんは、彼から彼女へのクリスマスプレゼント。一昨年、横浜の百貨店で購入

上)学生時代にコーヒーに目覚めた彼は、マイミル所有。下)ダイニングテーブルの一角

今は私以外の人がいるから花を生けようと思う」

皿は二枚ずつ買い、箸置きのコレクションが増えた。おそらくそれだってひとり暮らしなら集めはしない。

彼の淹れるコーヒー、彼女のエプロン。何も言わなくても、カメラのレンズの向こう側から、どうしようもなく幸せがこぼれ落ちてくる。

ああ、一緒に暮らし始めた二十代とは、なぜこんなにも眩しいんだろう!

抹茶ジャンキーのデザイン王国

和の台所道具やしつらいが、
RC造りのマンションの一室に、
やわらかな質感を与える。
なごみの因子はこれか。

グラフィックデザイナー、美大講師・
41歳（女性）
賃貸マンション・2LDK
京王井の頭線池ノ上駅・世田谷区
入居2年・築5年
ひとり暮らし

デザイナーという職業のためか、器ひとつ、布巾ひとつ、炭酸水を作るマシンでさえも、機能と見た目の美しさに隙がない。
けれども、そういうデザイン性の高いものに囲まれた空間に

リビングとの仕切りにある2台のキャビネットにはグラスやマグを収納

ありがちな堅苦しさもない。

「祖父が田舎で旅館をやっていて、毎日のように遊びに行っていたのです。木造日本家屋の平屋で、物見台があって、そこへいくまでに急な階段やぞっとするくらい暗いところがあって。それが心のどこかに、原風景として残っているんですね。こういう仕事をしているので北欧のデザインや西欧の古いものだとかに憧れもしますが、最近は日本のものに惹かれていくのを感じます」

　五年前からお茶を習っている。それまでも自己流で抹茶を点てて飲んでいた。冗談交

テーブルは、15年前に北の住まい設計社で購入

じりに「お抹茶ジャンキー」と自称する。「一〇時、一四時、一六時。一日に三回は必ず抹茶を飲みます。和三盆やドライフルーツをちょこっとつまんで。さて仕事をするかと、気持ちを切り替えるのにいい。お茶が仕事の区切りになっているのかもしれませんね」

一人暮らしのマンションは仕事場でもある。だらだらしようとすればいくらでも怠けられる。逆に根を詰めたら、昼夜もなくなる。

「三十過ぎから、食べることは大事だなと明確に意識するようになりました」

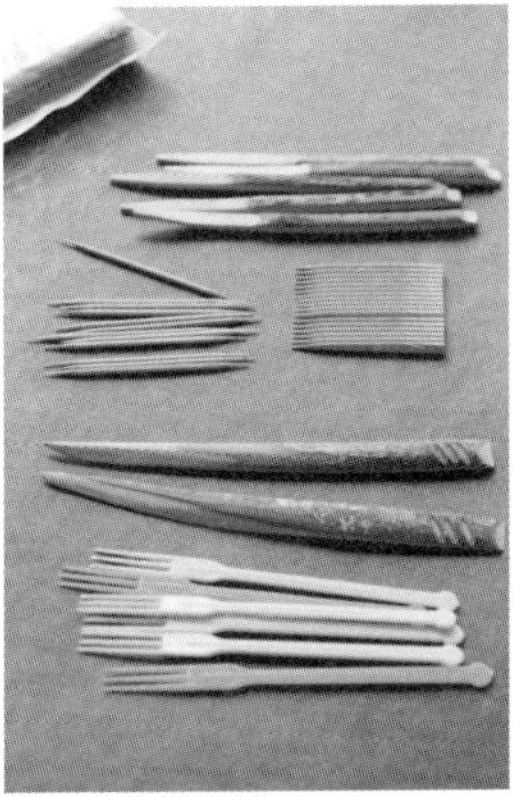

日本や台湾の黒文字（楊枝）、メキシコの爪楊枝。来客用に、と買っているうちに集まってしまった

上）自宅で飲むだけではなく旅先でも抹茶を愉しむ。これは野点キット。下）季節や気分に合わせてディスプレイをよく替える

野菜中心の薄味で、だしは自分でとり、調味料の質にこだわる。甘い飲料は飲まず、毎日一リットル炭酸水を飲む。さらに、飼い犬にあわせて早寝早起きにしたら自然と痩せて冷え性も治った。

引き出しから木や竹製の素朴なカトラリーが次々出てきた。海外のスーパーや雑貨屋でつい買い求めてしまうそうだ。北欧の家具やイッタラの食器とアジアの木の匙《さじ》。隙のない機能美とゆるさが絶妙の割合で共存する、そこは彼女のデザイン王国。そういう意味でも隙がない。

父の記憶、母の味、そしてハンバーグ

料理上手な母と不器用な娘。
ふたり、三人、ときに四人立った
台所との静かな別れを前に
彼女は――。

会社員・43歳(女性)
戸建て・5LDK+S
小田急線下北沢駅・世田谷区
入居43年・築44年
長男(18歳)との2人暮らし

ずいぶん前に取材を依頼していた。住人の祖母がかつて茶道を自宅で教えていたという趣のある古い日本家屋である。そのときは、母の体調が思わしくないため遠慮させてほしい、という返事だった。

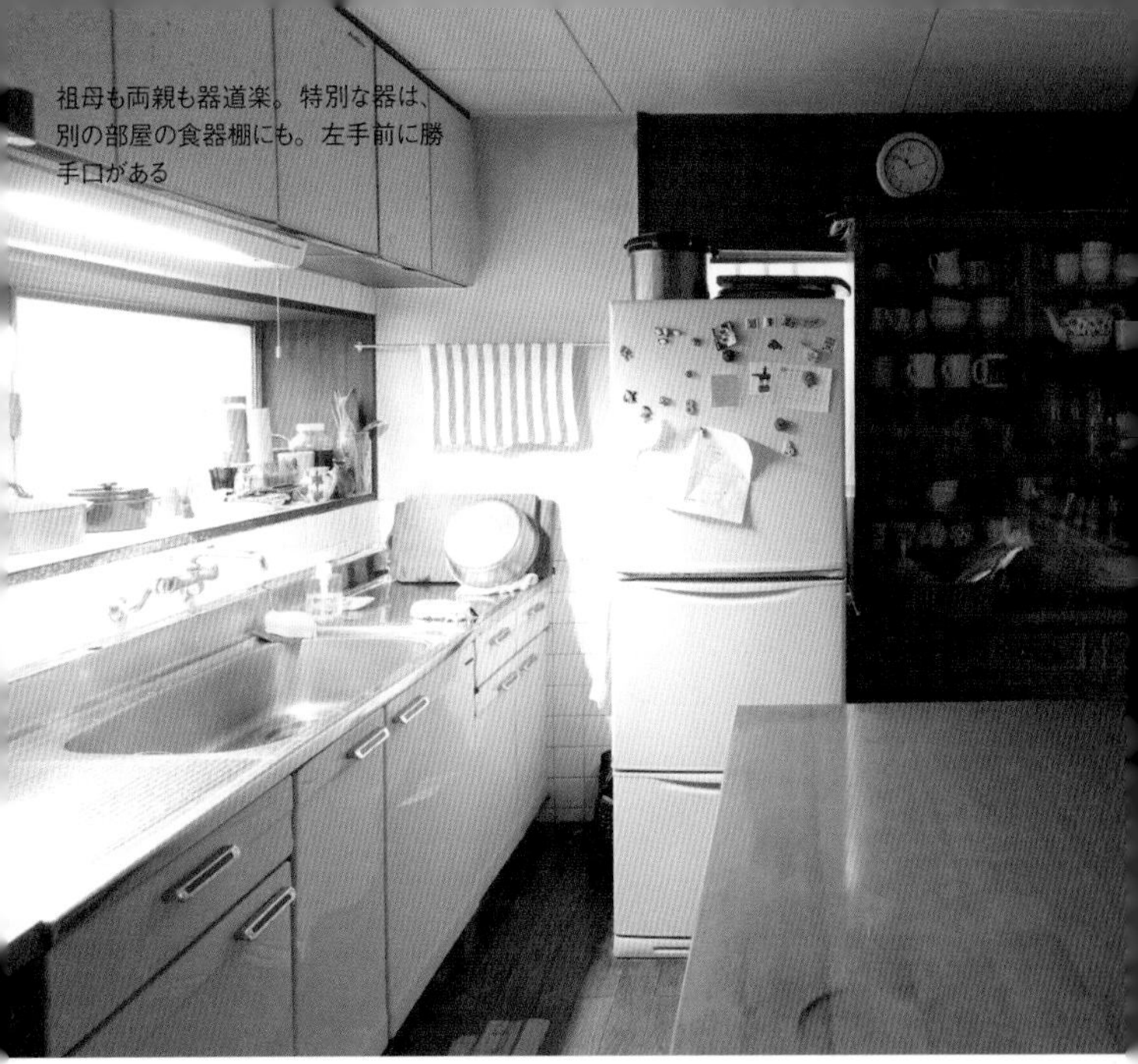

祖母も両親も器道楽。特別な器は、別の部屋の食器棚にも。左手前に勝手口がある

　一年半後、ふいにメールが届いた。

「家を手放すことになりました。よかったら、最後に取材していただけませんか」

　大きな家に彼女と大学生の長男のふたり。聞かなくても、この間に、どんな別れがあったのか想像がついた。

　台所に入ると、開け放たれた勝手口から、雨粒をまとった木々の葉の緑が目に飛び込む。梅雨だというのに、爽《さわ》やかな風がそよりと吹いていた。

「平日は私は会社、息子は大学で、家は閉めっぱなし。だから土日だけは、雨だろうが

母が亡くなった後、台所を整理したらいい銅鍋やル・クルーゼが出てきたので磨き直して使用中

曇りだろうがこの戸を開け放ってしまうのです。意外に風が通って気持ちいいでしょ？」

母は、茶道の師範として多くの生徒を教える祖母の右腕だった。

だが孫の彼女は一切、茶道を習おうとしなかった。実家のことを話すたびに、周囲からは今でも「なんで？」「もったいない」といぶかしがられる。

「母を茶道にとられて、なんだか父が寂しそうだったのです。私も小さな頃から、知らない人が始終、家を出入りしているのが苦手でした。そのうえ、姉も幼い頃から習い始めて……。だから私は、お茶は習わないと早くから決めていました。それは今でも後悔していません」

テレビマンで多忙だった父は、彼女が十九歳のときに急《きゅう》逝《せい》した。以来、毎年命日に、父を偲《しの》んで仕事仲間が二十人ほど家に集まるようになった。

その日は、大宴会になる。お茶に使う和室、次の間、居間。あちこちで大人たちが想い想いに父を語りながら、酒

和のしつらえで出迎えられる玄関。右奥は茶室に通じる

を飲み、母の手料理を味わう。家にとっては一大イベントである。

「二か月も前から、なに作ろうかって母とそわそわ相談を始めるんです。私はラザニアとデザートのトライフルを作るくらい。あとは母が二十品あまりを作ります。命日の宴会は母が亡くなるまで二十三回続きました。だからうちには二十枚単位のお皿がたくさんあるんですよ」

居間から座を外し、わざわざ台所の椅子に座って食べる客や、グラス片手に立ち飲みにくる客も多かったそうだ。

母娘の会話を聞きながら、出来た料理を端からつまみ、酒のおかわりをする。勝手口からの爽やかな夜風、次々たちのぼるおいしい匂い。賑やかな笑い声に包まれる一夜が目に浮かぶ。

亡き人を偲び、旧交を温めるだけでなく、母の手料理目当ての人もきっと大勢いたに違いない。

「ぬた、煮あなご、薄味の里芋の炊き合わせ、のりまき、ちらしずし。今、どうにか作ったとしてもまったく母の味にならない。もうちょっと細かく聞いておけばよかったと

母はものを捨てられなかったが、住人はなるべく置きたくない派。洗いかごはなく、器は拭いてすぐしまう

思います」

二〇一二年十二月に母が亡くなってから、よく花を活《い》けるようになった。どれも野花のような素朴なものばかりだ。庭いじりが好きで、花を絶やさなかった母の面影を無意識のうちになぞっているのかもしれない。もう姿形はないけれど、この家のあちこちに彼女のお母さんはいる。

来月、引越しをする。

長男が幼いときに離婚して、母と二人三脚で子育てと仕事を両立させてきた彼女の気丈さがそうさせるのか、寂しいとも悲しいとも言わない。淡々とした表情で、新しい街もなかなかよさそうと言う。

「料理上手な母と違って、私は不器用。みじん切りがどうやってもざく切りになっちゃう。そんな私の料理でもハンバーグだけは、息子が小さな頃から大好きでね。ハンバーグを焼くときは、台所に来てコンロのそばでフライパンをのぞきこみながら、『ママ、がんばれー、がんばれー』って応援してくれるの。親戚の子が遊びに来たら、『うちのハンバーグ、すっごくおいしいんだよー』って自慢していて、あれは嬉しかったなあ」

居間。住人が生まれる前に建った当時は、近所で洋間は珍しかったそう

ハンバーグづくりを応援していた息子は今や大学生に。

祖母、父、母、息子。たくさんの家族の来し方を見守ってきた台所はいずれ解体される。濃密な記憶の詰まった空間が跡形もなくなる。なんともいえない気持ちで私はその家を後にした。彼女はどれほどの思いでその決断をしたのだろう。

数日後、メールが届いた。台所の窓にぺたりとへばりついたヤモリの写真付きで、こう綴られていた。

「母がいなくなっても変わらずこの時期、台所の窓にヤモリが来ます。息子は高校生の時絶対二匹見たと言うんだけど、私はいつも一匹でした。この子たちが出てくると楽しく台所仕事ができるのでした。引越しで、何が寂しいかあえて答えると、このヤモリと庭のすずらんと離れることです」

すずらんはきっと庭いじりが好きだったお母さんの置き土産。ヤモリはこれまでの日々を見守ってくれていた守り神。その時、私は気づいた。彼女の心は降り止まない六月の雨のように、今も濡れている。

台所、そして彼にも「さよなら」を

戦いすんで日が暮れて。
残り少ない梅干しの樽。
アシスタントが行き交った
漫画家の台所。

漫画家、小説家・54歳（女性）
戸建て・4LDK
京王井の頭線明大前駅・世田谷区
入居18年・築37年
夫（会社員・46歳）、長男（16歳）、
長女（11歳）との4人暮らし

シンクの扉が外れたままになっていたり、茶の間の障子が破れたままになっているのにはわけがある。この家は来月、取り壊されるのだ。

世田谷の閑静な住宅街に建つ六十坪の庭付き一軒家を

無垢材でフルオーダーの台所。床の樽は自家製梅干し。格子の奥にエアコンが

中古で買ったのは、独身の三十六歳のとき。

当時、アシスタント五人を雇う売れっ子漫画家で、その前も一軒家を買ってローンを払い終えていた。月間三百〜五百枚を描き、いよいよアシスタントが入りきらなくなってきたので、ぽんと今の家を買ってしまったという。玄関を開けると、ゴージャスならせん階段があり、一階のアトリエにはかつてアシスタントが使っていた机がずらりと並んでいる。

キッチンはすべて特注の注文住宅で、家中のエアコンは

右）長年、実家から持ってきた羽釜を使っていた。長男が高校生になってからは、朝の炊飯が間に合わず、最近、炊飯器を買った。
左）吊り戸棚が高すぎるのが台所唯一の小さな不満

格子《こうし》の建具でカバーされている。ここで、家主の彼女が毎日、スタッフ全員分の昼ご飯を作っていたそうだ。

「最初はアシスタントに作ってもらっていたんだけど、若い子って料理も慣れていないし、とにかく遅い。一生懸命作るんだけど、できたものがおいしくなかったりして。だったら仕事をまかせて、私がちゃっちゃっと作った方が効率がいいって思ってね。料理は大好きだから、全然苦じゃなかったです」

自分ひとりならパンをかじるだけの生活でもOKだが、「おいしい」と言って食べてくれる人がいると、がぜん張りきりたくなるタイプとのこと。

その後、八歳年下の彼と結婚。ふたりの子に恵まれた。ますます料理好きに拍車がかかり、毎年、梅干しを二十キロ漬け、ご飯を羽釜《はがま》で炊く生活に。

結婚以来、毎年漬けている梅干し。かつては20キロを仕込んだ

朝ご飯は甘い卵焼きに味噌汁、漬け物を欠かさない。睡眠時間が五分でも、きっちり一日三回、台所に立った。

「毎日のことだから」と彼女は言う。自分が倒れたら連載に穴が空く。体調管理も仕事のうちという責任と、毎日のことだからおいしいものを食べたいという欲と、おいしいと言ってくれる誰かがいる喜びがそうさせたにちがいない。彼は梅干しが大好きで、毎朝必ずつまんだ。

だが、最近は吊り戸棚の扉や作り付けのエアコンが壊れたり、家の不具合が目立ち始めている。

「台所のシンクだけでも替えようと工務店を呼んだら〝奥さん、なにもかもが特注で、修理代はかかるし、合う部品もない。直すより建て直したほうが早いかもよ〟と言われたんです。自分も今は漫画の仕事が減って小説の方にシフトしているし、もうアシスタントが五人も通ってくることもないし。思いきってこの夏、建て替えることにしました」

じつは、この機会に、すれ違い始めた夫との生活にも終止符を打つことにしたという。

長年愛用のオーブンはヨーグルトの発酵もできるすぐれもの

今は一緒に暮らしているが、もうすぐ夫は出ていく。新しい家も建つし、わくわくしてるんだけどね、と明るく言いながら、梅干しの樽を撮影したとき、ひとりごとのようにぽつんとつぶやいた言葉が忘れられない。

「もう、食べてくれる人もいなくなるから、結婚して初めて、今年は梅干し、漬けなかったんだよね……」

　以前から離別の話は聞いていたので、取材は新しい家ができたときにしましょうか、と事前に打診していた。だが、彼女はメールにこう書き添えてきた。

「台所取材の件、汚い所だけど、私の結婚生活の全ての年月の食べ物を作るのを引き受けてくれた場所です。もしよろしければ、取材してください」

　パン、チョコレートケーキ、うどん、餃子、シュウマイ、ハンバーグ、酢豚に肉団子。ひと通りのものは全部作ってきた。家でキャンプ気分を味わいたくてダッチオーブンで料理をしたり、庭に燻製器《くんせいき》を持ち出して、ベーコンや鶏肉や卵を燻製にして食べたこともある。

山本商店（東京・下北沢）で買った古道具のちゃぶ台で毎日ごはんを食べる。脚を折りたためて便利

泣いたり笑ったり、喧嘩したり。ひとり暮らしからアシスタント五人を食べさせ、次に夫婦ふたりになって、子どもが生まれ四人になって……。彼女の十八年間に寄り添ってきた大好きな場所を、記録に残しておきたいという気持ちが伝わってきた。その時間に嘘はないし、抱えきれないほどのたくさんの喜びをもらった。だから今、彼女はこんなにも寂しくてつらそうなんだろう。

新しく家が建ったらさ、彼がまた帰ってきたりなんかしてね。そんなことされても彼の部屋も設計に入れてないし困っちゃうんだけどね。冗談めかして最後に笑った。きっとそうなったら本当は困らないのではないか、と私は思った。

たくさんの人たちの胃袋を支えてきた古い台所が、戦いすんで日が暮れたあとのようなたとえようもないもの寂しさをまとって見えたのは、もうすぐ取り壊しになるからだけではない。

接着剤とヘルメットとスクランブルエッグのある場所

家事は苦手。料理も一切しない彼が、
冷蔵庫に生クリームと卵を切らさない理由。

会社員・33歳（男性）
賃貸マンション・1DK
東急目黒線不動前駅・品川区
入居7年・築7年
ひとり暮らし

「ごめんなさい。誘惑に負けて少し片づけてしまいました」

初対面の住人は、開口一番こう言って申し訳なさそうに笑った。

東大卒、海外出張が多くて

シンクの上には必ず酒、たばこ、二日酔い対策のドリンクの3点セットが。冷蔵庫の奥は洗濯機

多忙。わずかな情報から勝手に想像していた紋切り型のイメージと、実際の飾らない人柄、どこを片づけたかわからないカオスな台所のイメージが重ならなくて一瞬、戸惑った。

「夜は全部、外で食べます。食べるタイミングを逃して帰宅したら、作るのはめんどくさいからビール飲んで寝ちゃう。この台所で気に入っているところ？　とくにないなあ。本当は下町が好きで、隣の武蔵小山に住みたかったんだけど家賃が高くて。不動前は、エアポケットみたいに本

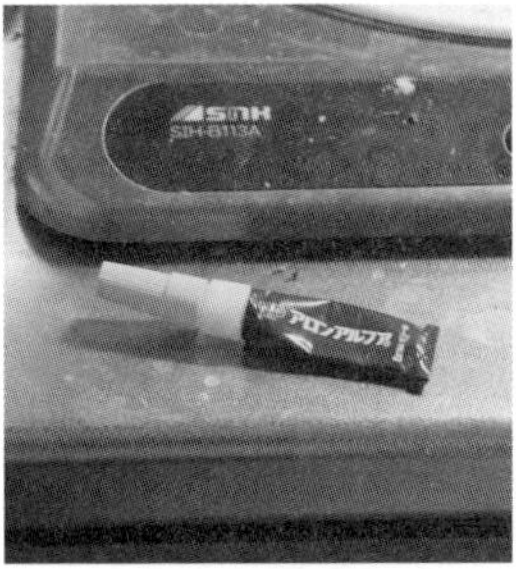

台所で煙草を吸いながらグローブの修理をする。彼にとっての台所は、野球の作戦を練ったり、サプリを補給したり、料理以外のいろんなことをする場所

ゴミ袋の主要構成物はビールの空き缶。マンションに駐輪場がないのでやむなく台所に

当に何もない街。個性もお店も。人と飲んだりするのは恵比寿です」

一時期、趣味で乗っていた自転車のハンドルには、ビールの空き缶とゴミ袋が。今は乗る時間もないので、もっぱら次のゴミ収集日までの一時置き場だ。

冷凍庫からはきっかり一年前の肉が出てきた。

「あ、そんなの出てきました？　昔、宴会やったときの食べ残しですね。好きな器？　ないない！　ちょっとかわいいようなマグは全部、友達の結婚式の引き出物です。この

左の袋はプロテイン。ビールやワインの空き缶の隙間に無香料の消臭剤が混じる

歳になると、そんなのばっかたまっちゃって」

　そのマグは手の届きにくい吊り戸棚の中にある。お茶を入れないので支障はない。シンクの下には、学生時代から持っている片手鍋がごろん。

「野菜、最後に買ったのいつだろう。うーん」というわけで、この鍋の最終使用日はわからない。

　大きな袋に入ったプロテインだけは毎日、飲んでいる。毎週土曜日、草野球チームの監督をしているので体作りに必要なのだ。

「っていうより、子どもの頃から野球部で、母親から食べないと大きくなれないよって言われて育って。その頃からプロテインは習慣になってるんです」

　野球が終わったあとのビールは格別だ。ワインに凝っていた時期もあるが、結局ビールがいちばんという結論にたどり着いた。友達ともよく飲むし、コンビニで買ってひとりでも家飲みする。ある月は酒代に二十万円が消え、へこんだこともあるらしい。

「今月はもう飲むまいって決めたんだけど、すぐに禁は破られました」

流しの下に実家から送られてきた食材が。いつ送られてきたものかは記憶がない

　実家の広島から地元の甘い醤油が送られてくるが、なにしろ料理をしないので気づいた頃には味が変わっている。

「たのむから送らないでって母に言いました」

　その故郷に帰省すると、

「あまりに何もかもがゆったりしていて、かえってイライラしてしまう自分がいる」とのこと。高校生の頃は何とも思っていなかった路面電車のスピードに、「こんなに遅かったっけ?」とあらためて驚いた。東京でのひとり暮らし十五年という歳月は、彼を少々せっかちにしたのかもしれない。

　彼の家で食料といえるのは「さば」と「牛肉大和煮」の缶詰くらい……と思っていたら、冷蔵庫から卵と生クリームという少々ふつりあいな食材がみつかった。

　じつはこのふたつだけは欠かさず買い置きをしているという。スクランブルエッグを作るためだ。

「アメリカに長期で出張していたとき、カフェやレストランで出されるスクランブルエッグだけが心の支えだったんです。会社と宿の往復で、アメリカの料理にもいい加減飽

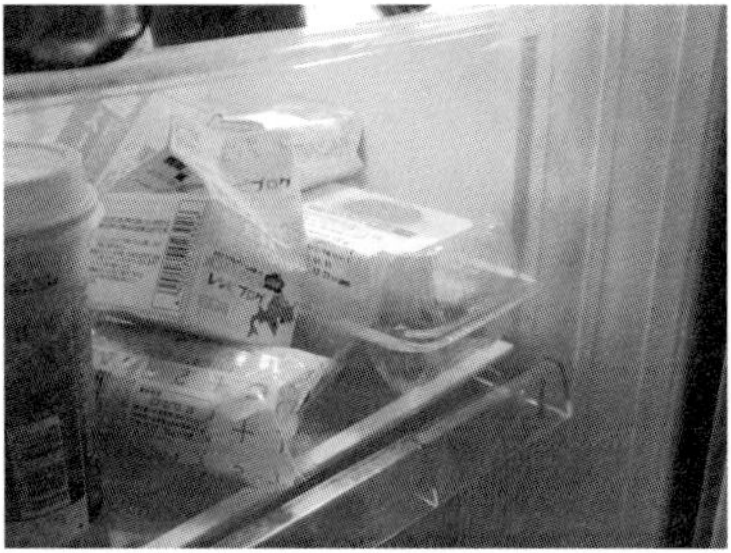

切らしたら困るもの、生クリームと卵は、深夜までやっている近所のスーパーで買う

き飽きしていて。でも、スクランブルエッグだけはどの店に行ってもおいしいんですよ。ふわふわしてコクがあって。それを食べられるのが朝の楽しみだった。あの味が忘れられなくて、帰国後ネットで調べたりしてレシピを研究したんです。その結果、生クリームがポイントだってわかった」

母親から「食べないと大きくならないよ」と言われて育った青年は、今も朝食を食べないと脳みそが働かないと信じているし、どんなに忙しくてもスクランブルエッグの朝食だけは必ず作る。

玄関から部屋までの通路にある台所は、さまざまなものが入り乱れたカオスストリートだが、完全に食を投げやりにしているわけでもないと紙パックの生クリームが教えてくれる。飾らない彼の人柄そのままの、東京暮らしの自由があちこちからにじみ出ている。

たぶんここは、人生のパートナーが現れる日までの人生の休憩所。その日まで、グローブを直す瞬間接着剤や自転車のヘルメットが台所にあってもいい。

やっとたどりついたひだまりの家

女性カップルの住まいと
パートナーのアトリエの台所ふたつ。
どちらもやわらかな
日差しが舞い込んで……。

グラフィックデザイナー、装幀家・42歳（女性）
賃貸マンション・2DK
東急東横線学芸大学駅・目黒区
入居5年・築37年
恋人（自営業・32歳）、娘（13歳）との3人暮らし

前の結婚相手は、自分にはできすぎた人だった、と述懐する。普通の男性以上に優しい言葉をかけてくれるし、心からひとり娘を愛してくれた。優しいからこそ、むしろ苦しくて一緒に暮らせなくなった

シンク上のタイルは淡いピンクで、陽射しと相まって空全体が明るくやわらかい

のかもしれない。

十八のときから、彼女の恋愛相手は同性だった。二十代後半に初めて男性と付き合い、自分がセクシャルマイノリティであることを告白したうえで、互いに納得して結婚した。だが、出産後、満たされない気持ちが徐々につのっていった。

「出産前は、終電までデザインの仕事をして、帰宅後は夫と飲みながらおしゃべり。それだけで十分楽しかったのです。でも出産後、休業し子どもと向き合うだけの毎日になると、話すことは子どものこ

右）恋人のアトリエの台所の窓から見える風景。左）古い皿の銀継ぎは陶芸家の恋人の試作

とばかり。仕事のようにだれかに評価されるわけでも、ありがとうと言われるわけでもない。今日は少し笑ったとか、今日は昨日より少し高く足を上げているとか。そのうち、だんだん彼が生返事をするようになりました。私は今まで社会が自分に与えてくれた満足感を彼に求めたのかもしれません。だれかに強烈にかまってほしかったし、だれかを強烈に愛したかった。

今説明しようと思うと、孤独感と育児疲れという簡単な言葉しかみつかりませんが、それだけとも言いきれない表現しようのない心のしみが、日に日に大きくなっていったのです。インターネットサイトで知りあった同性と恋に落ちたのはそんな頃でした」

しかし、夫と子どもがいる身の自分に、恋愛相手もやがて、ためらい始める。もっと自由になりたいし、堂々と生きたい。夫の帰りを待ち、子どもを育てるだけの自分になりたくない。子どもを育てながら、人間としても自立した

アトリエの台所。古いが窓が大きく、日当たり良好。ドリンクを入れるミニ冷蔵庫も

い。同性に惹かれる自分と暮らす夫にも申し訳ない。さまざまな気持ちが入り乱れた。

夫から離れ、不動産屋に〝仕事部屋〟と偽って借りた母子ふたりの部屋は北向きで、窓が幹線道路に向いていた。だから一日中、カーテンは閉めっぱなしだった。

「自由が欲しくて別居したのに、そこで得たのは自由ではなく、不自由でした」

別居していることを双方の両親に隠し続ける不自由。籍は入ったままのため、誰かを好きになっても〝不倫〟となって相手を苦しめることになる不自由。離婚するのかしないのか、自分でも先の見えない不自由。パパとママがどうなるのか不安に思っている子を抱えながらひとりで育てる不自由。再開した仕事が途切れず、次々舞い込んでくることだけが心の支えだった。

締め切りとともに朝を迎え、風呂に湯を溜め続けたまま寝てしまったことは数え切れない。いつも目の下にクマがあり、そしてあいかわらず、部屋には日が入らなかった。

「子どもとふたりぼっちで社会からはぐれてしまったよう

アトリエの玄関。恋人は作業が終わって飲みたい気分の時や来客時に飲む。平均週二、三回

な……。親や不動産屋さんに嘘をつかないといけない生活で、言わばずっと日陰の時間が流れていました」

仕事が軌道に乗り、誰の力を借りなくてもマンションを買える経済力がついたとき、正式に離婚を決意し、今の2DKに越した。そうするまでに六年がかかった。

玄関扉を開けると、正面の白いカーテン越しに、テラスの鉢植えのミモザの影がケラケラと笑っているように見える。入ってすぐに台所が広がる。でも、ミモザの影が目にとびこんでくるからか、意外にシンクや冷蔵庫は気にならない。

「ここへ来て、ミモザと南天を買ったんです。テラスの日当たりがいいからすぐ育って大きくなっちゃいました」

いま、中学生になった娘と恋人の女性と暮らす。けっして広くはないが、台所がとにかく明るい。一日中、風と光が気持ちよく舞い込む。マンションを選んだ決め手もそれだった。

台所の床は、大家と交渉して、ビニールクッションのフロアをはがしてもらい、自分でケンパスという木材の羽目

テラスのミモザの影。お気に入りの憩いのスペース

板を置いた。原状復帰が条件のため、糊《のり》をつけていないのでときどきずれるが、その不便より、好きな内装で暮らせる気持ちよさのほうがまさる。

のこぎりで木を切り、まさに力尽くで仕上げた台所なのである。

ところでこの日、少々無理を言って、陶芸家の恋人のアトリエも見せてもらった。家具も違えば台所の間取りも違うのに、驚くほど雰囲気が似ていた。

どちらもごく普通の古いマンションの、小さな一室。だが、そこに吹く風は春のひだまりみたいにどこまでも穏やかで、しみじみと柔らかな空気に包まれていたのだった。

かりそめの街、かりそめの台所

福島県相馬市から東京へ。
地震がなければ
十九年ぶりの同居もなかった親子、
つかの間の日々。

主婦・65歳
分譲マンション・3LDK
東急田園都市線用賀駅・世田谷区
入居3年・築4年
夫（コンサルタント・67歳）、長女
（会社員・40歳）との3人暮らし

いつまで待っても結婚せず、仕事に熱中している娘のために四年前、東京にマンションを買った。夫はコンサルティングの仕事で、東京出張も多い。その宿泊用でもある。

その日は、たまたま夫婦で

手前はこたつとソファ。前者は東京に来て買った

遊びに来ていた。

「私なんて東京に遊びに行くのは年に数度。本当にたまたま。そのうちの一回だったんです」

彼女は淡々と語る。

二〇一一年三月十一日。津波で甚大な被害を受けた福島県相馬市に、自宅はある。その一軒家は半壊、床が二十センチ傾いた。「ジャッキで上げてもいいが、無事に住めるようになるか保証できない」と業者に言われた。

遊びのついでにちょっと泊まるつもりの娘の部屋で、あ

シンクが広く、大人ふたり立っても作業がしやすいところが気に入っている

る日突然始まった三人暮らしも二年になろうとしている。いつ終わるかわからない、つかの間の親子の生活を、彼女は穏やかな表情でこう語る。

「予想もしていなかった十九年ぶりの三人暮らしでね。喧嘩したり、あーだこーだ言いながら、けっこう楽しんでます。相馬の友達と旅行もしました。……この近所の友達？　それはいないけれど、地元の友達としょっちゅう連絡とってるから」

多忙で不摂生をしていた娘は、家族と暮らして生活が規則正しく、母の手料理でぐん

やかんは娘と合羽橋で買った

と健康になった。もともと高血圧だった夫のために野菜八割、魚二割、塩分控えめの食生活を心がけてきた。

　焼き鳥屋に行っても「お塩を控えめにお願いします」。玄米酢やみりんで味つけをし、砂糖や塩は極力使わない。料理上手で研究熱心な彼女のおかげで、夫は七キロ減量できたという。

　当初、娘の部屋にはひとり分の器や調理道具しかなかった。ふたりで最低限のものを揃えていった。

「ここは一時しのぎの『仮の家』。でも、やかんだけはたっぷり入るものがほしくて、合《かっ》羽橋《ぱばし》まで娘と買いに行きました。器や料理道具にはついこだわってしまい、デザインに妥協できないので一日中探し回りました。お買い物は楽しいから疲れないんですけどね」

　石川生まれなので、相馬の自宅には九谷焼が揃っている。一時帰宅したとき、夫は台所から「これだけは持っていこう」と、正月用の九谷焼のおちょこを五つ手に抱えた。正月になると御神酒《おみき》に供えていた、キジの絵柄のめでたい酒器である。せめて正月だけは

右上）40年愛用の九谷焼。正月用。夫が「これだけは」と東京に持参。右下）器は娘が日本橋で一目惚れして買ったポーランド製。上）震災前から水は宅配を利用

いつもの酒器で、いつものように祝いたい。そう思ったのだろう。

いつ相馬に帰るか。まだ踏ん切りがついていない。家を直すのか。建て替えるのか。残りの人生のために、少なくない費用をかけて一からやり直すのか。

しかし、答えの見えないかりそめの三人暮らしから、不意にひとり抜けることになった。娘が結婚して夫の仕事の関係でペルーに行くというのだ。

初めて娘が恋人を連れてく

九谷焼の湯飲みと20年来使っているお盆。夫婦でお茶をよく飲む

る日。

彼女は夫と一緒に玉川髙島屋に行って蓋付きの湯飲み茶碗を買い求めた。大好きな九谷焼である。家族になるかもしれない娘の大切なお客様に、いい茶碗を出したかった。器道楽の彼女のこと、相馬にならいくらでも上等なお客様用がある。でもここにはない。なぜなら、かりそめの台所だから。

だから、一客だけ買った。

売り場で横にいた夫は「一回きりなのに、なんでこんなに高いものを?」と思ったらしい。

ひとり娘は素敵な青年と来月、ペルーに渡る。

「寂しくなるでしょうねえ」

初めて彼女が弱音らしいことをつぶやいた。

夫の転勤で石川から福島に来て四十一年。そういう大人は初対面の人間に軽々しく弱音など吐かない。

だが一客の茶器から、母が娘にしてやりたかったあんなこと、持たせてやりたかったこんなものが溢れるほど伝わってきた。

料理をしない〝住み道楽〟の意外すぎる趣味

優先順位は〝住・衣・食〟。十八歳でひとり暮らしを始め、七回目の引越しでやっと理想の住まいを見つけた。だが料理はほとんどしない。給料の大半が家賃という彼女の趣味は、台所道具集めなのである――。

団体職員・42歳（女性）
賃貸マンション・1DK
東京メトロ丸ノ内線茗荷谷駅・文京区
入居3年・築6年
ひとり暮らし

四六平米、建築家が設計したモダンなコンクリートの打ち放し。木製の扉を開けると、コンクリートの壁と無垢材《むくざい》の床に、さんさんと天窓から光が注ぐ。

「お給料の大半がここの家賃

ワンフロアに1世帯。洗濯機の左奥に広くて明るい風呂場がある。壁はコンクリートの打ち放し

でして。衣食住といいますが、私は〝住〟がいちばん大事。引越しと家賃とインテリアに全エネルギーを注いできてしまったので、貯金が全然ないんですよ」

と、彼女は笑った。料理はしない。

　大枚をはたいて買ったフランスの高級鋳物鍋《いものなべ》・ストウブがダイニングにオブジェのように飾られていた。

「こんな高いものを買ったらさすがに料理するだろうなと思ったけど、自分に裏切られました（笑）。器も料理道具も、料理本も買うのが好き。

ダイニングキッチンは、無印良品のユニットシェルフでオープン収納スタイルに

レシピのスクラップもしてるんですよ」

暇があるとネットで古道具のキッチンツールを見ては購入しているという。なのに、料理をしないとはこれいかに。

「食に興味がなくて、食べるものは何でもいい。コンビニ食でもかまわないのです。理想の住まいにばかりエネルギーを注いでいるうちに、食への興味がおきざりになっちゃったみたい」

十八の頃から、ちょっとお金が貯まったら引越しするのが癖になっている。

「人生の九九％は日常の連続

台所からダイニングをのぞむ。天窓の右下が玄関、正面奥が寝室

ですから、たとえば、非日常を楽しむ旅にお金をかけるより、まず日々の暮らしを心地よくしたいんです。日当たりが良くて、地面に近くて、水回りに清潔感があること。ユニットバスにＩＨコンロというありきたりの賃貸は嫌ですね」

　自分にとっての優先順位に正解はないし、暮らし方に零点も百点もない。自分に正直に、気持ちよく暮らすための術《すべ》を知っているのだから、それでいいのである。

料理本もレシピのスクラップもこんなに。料理を始めるのは時間の問題!?

上）最近この3つだけは作るようになったという常備菜。きのこの塩茹で、挽肉の生姜炒め、キャベツの酢漬け。うどんやご飯、サラダに使える。
左）「本当にいつもこんな感じです」という冷蔵庫。ここまでくるとむしろ潔くて爽快。小分けの容器はすべて野田琺瑯で統一

細部まで厳選

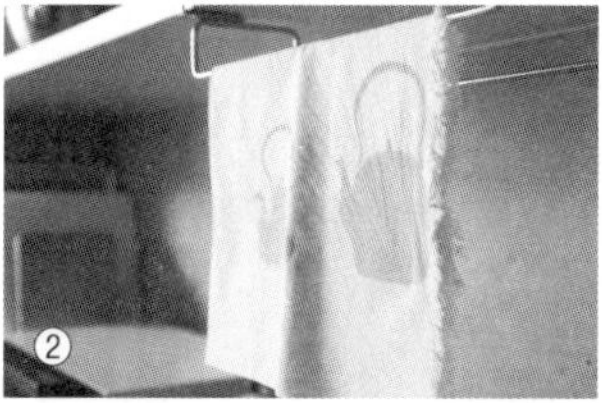

①左奥は古道具を扱うウェブサイトで買った氷入れ。右はマリメッコのサービングポット。一度も使ったことがないが、あるだけで幸せ気分

②ふきんはもっぱら日本手ぬぐいを愛用。乾きやすくて吸水性が高い。季節に合わせた豊富なデザインも魅力のひとつ

③手ぬぐいメーカーのウェブサイトで、半端物を格安で売っていたのでまとめ買いした。アイロンを掛けて使う

④色合いが好きだというトルコグラスがここでも登場。渋谷などの雑貨屋でひとつずつ買い足している

上海の食卓から学んだ「足るを知る」暮らし

三か月に一度、上海から帰国する。
一か月弱暮らす日本の家には、
レンジも冷蔵庫も食器棚もない。
そこまで持たない潔さはどのようにして生まれたのか。

陶芸家、プロダクトデザイナー・46歳（女性）
賃貸戸建て・都電荒川線鬼子母神前・豊島区
入居半年・築約40年
ひとり暮らし

上海に店を構え、手仕事の風合いが伝わるような陶芸、木工、家具、布小物のデザインやプロデュースをしている。帰国は三か月おき。鬼子母神の長屋ふう古家の格子戸を開けると、いちじくを煮る甘い香りが台所から漂ってきた。朝、自分で焼いたパンにこのジャムをつけて食べるという。

食生活はできる限り手作りで、季節の野菜、魚、果物、豆腐や発酵食品を多くとり、肉は食べない。これは上海の人々の食卓や中医学を知ったのと、四年前に大病を患ったことが大きい。

前の住人が壁や洗面所をリフォーム。
使い勝手がよく何の不満もないと言う
シンプル空間

羽釜は叔母からもらった。カイ・フランクがデザインしたホウロウのやかんはスウェーデンの友人から

「なんで病気になったんだろう、とすごく考えました。いきついたのは、胃を休めるというシンプルなことです」

急激に発展した上海で最初は、どこもかしこも新しく季節感がないと憂えたが、食卓は違った。

「多くの人が農暦という伝統的な暦に合わせた食生活を自然にしています。冬はこれを食べると風邪をひかないとか、夏バテしないとか、昔からの知恵が生きています」

外に出ると見えることがある。日本は便利だが、そのために社会全体が無理をしすぎ

上）コンポスト。みみずは釣屋で購入し、野菜屑を入れている。肥料ができすぎたら近所に配っている。左上）友達の子どもが遊びに来たので一緒にランチタイム。献立は菜食中心。砂糖や肉は使わず、味つけも薄めで、野菜の滋味を味わう。左下）できたての手作りいちじくジャムとパンの朝食。至福のとき

では、と彼女は考える。

「無理はやめよう、自分の手に入る範囲のものを食べようと思います」

四季のある国で旬を忘れた暮らしをするのはもったいない。体の道理にもかなっていない。病気も、薬だけに頼るのではなく食生活から治していく。そんなふうに病気と付き合っていくうちに、自分の中のものさしが変わった。

「仕事を増やそうとか、あれもこれも欲しいとか思わなくなりました。お金も縁のものですし。何でも少々。足りないくらいでちょうどいいです」

どの国に住もうと、自分らしい食卓で

イスラエル、スペイン、オーストラリア、ポルトガル。三～四年海外、二～三年日本のサイクルで働く彼女の旅人生から生まれた居心地のよい台所。持ちすぎず、でも少なすぎない、軽やかな個性が光る。

会社員・42歳（女性）
賃貸マンション・1DK
JR山手線上野駅・台東区
入居2年・築18年
ひとり暮らし

二十年前、留学したイギリスで、イスラエル人の友達がたくさんできた。家族がフレンドリーで、食べ物もおいしく、異国情緒あふれるインテリアに惹かれ、次いでイスラエルに留学。

“巣作り上手”が東京に見つけた仮の家は、風が吹き抜けるコーポの2階角部屋。とにかく明るい

帰国後は、修得したヘブライ語を使う企業を渡り歩く。二〜三年日本で働いてはまたキリのいいところで海外に転職する。いつかまた旅立つので大きな家具はない。身軽で軽やか。なんだか女版寅《とら》さんのようだ。日本にいるときは友達を招いて、スパイスたっぷりのチャイでお茶をしたり、中東で覚えた料理を振る舞うのが楽しい。

上野公園にほど近い住宅地のなかの、こぢんまりとしたマンションの角部屋を自分流のインテリアで居心地良く飾っている。スペインの器、バ

流しの背面に洗濯機。玄関脇でもあるので、帽子などのお出かけセットもここが定位置

上）背が高いので冷蔵庫の上にはデイリーユースの調味料を置いている。下）イスラエルの友達から送られたスパイスに付いていたメモ。これで料理を始めてね、の意

ングラデシュの布、イスラエルのタイル。そのなかにひょいと無印良品ののれんや、京都の焼き物が混じっている。出自の違う台所道具や家具が、絶妙の塩梅《あんばい》で隣合う。無国籍と、ひと言ではくくりきれないオリジナルの空間が成立している。

「友達から、あんたは巣作りが上手だって言われます。たしかにどこの国のどんなアパートに越しても、自分がくつろげる空間にできる。私の唯一の特技かもしれません」

　長い海外暮らしのなかで、あるとき、どうしようもなく

玄関から台所をのぞむ。左奥が居室のL字型間取りで使いやすい

くたびれ果ててしまったことがあるらしい。カウンセラーにみてもらうと、こう笑い飛ばされた。

「あなたはつねに自分の中に家を持っている人。だからどこへ行っても大丈夫！」

　そう太鼓判を押したイスラエル人のカウンセラーに、私も拍手を送りたい。彼女がどれだけ楽になれたかしれないし、トランクひとつで日本を渡り歩いた寅さんのように、ヘブライ語ひとつで世界のどの国でも生きてゆけるという自信を、ますますゆるぎないものにしたのだから。

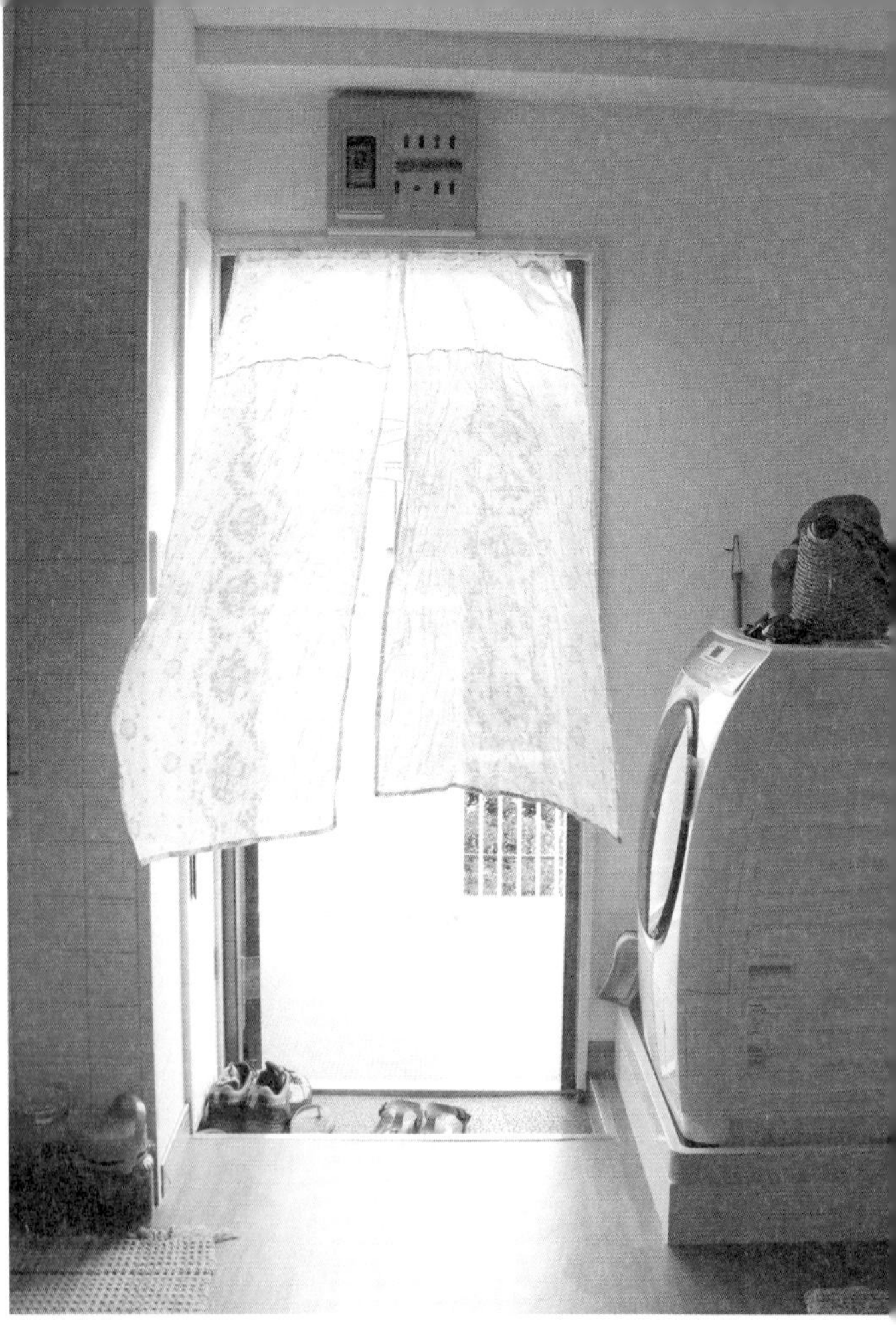

角部屋で3方向から風が入る。この日は、8月にもかかわらずエアコン無しでも十分涼しかった

器も調味料も多国籍

①日本、アジア、ヨーロッパ。いろんな出自の調理道具が混じり合うミックススタイル。どれも空間になじんでいて、不思議とおさまりがよい

②冷蔵庫にはつねに麦茶を用意。近所の商店街の乾物屋で買う昔ながらの煮出しタイプを愛用。食材は、ためこまず必要な分だけを買う

③ビジョンの鍋。ウズベキスタンのピラフなど、思い出の料理がおいしく仕上がる。外から煮える様子が見えるのも楽しい

④アロリヴィエのオリーブオイルは、友達からフランス土産にもらって以来やみつきに。伊勢丹で不定期に売るので逃さないようにしている

こだわりのタイル、無垢の床。家作りを支えた小さな秘密

旅好きのふたり。夢をめいっぱい詰め込んだ台所で、毎朝淹れるミルクティは格別の味だ。あとひとつ、夢のピースが埋まればさらにその味は至福になる。

会社員・38歳（女性）
戸建て・1LDK
西武新宿線野方駅・中野区
入居8か月・築1年未満
夫（33歳、公務員）との2人暮らし

ブータン旅行で知り合ったというふたりの朝食には、インドで味わった濃いめの砂糖なしミルクティが欠かせない。その専用茶葉も、夫が新大久保まで買いに行き、朝はていねいに淹れる。

ステンレスのテーブルはイケア。システムキッチンにはミーレの大容量食洗機を導入

旅好きのふたりは毎年、海外へ行く。だが最近は、予約が出発ぎりぎりになってしまう。不妊治療を受けているからだ。旅に行けるのは嬉しいが、本当は行けない方がもっと嬉しい。

家にいると、どうしても治療の話になる。がんばれるところまでがんばろうか。あるいはあきらめるべきか。そんな息が詰まるような日々に風穴を開けたのが家づくりだった。

「あるとき、母に、土地だけ買って、あとからゆっくり家を建てれば?と言われ、それ

キッチン用タイルは夫がセレクト。ツールバーは建築時にとりつけてもらった

もいいなと。土地を探し始めたら、どんどんのめり込みました」

立地、間取り、建築素材から家具まで決めることが山ほどある。台所は開放的に。タイルの色をアクセントにしよう。旅先で買い求めた台所道具は飾りながら収納しよう。家のことを話している間はほかのことを忘れられた。

「そろそろ、子どもを持たない人生も受け入れなければいけないかなあと思い始めています」

と、彼女は言った。

そうか、この明るくて風通

上）ふたり仲良く台所に立つことも。スイーツ、飲み物、配膳など分担する。下）いつもの朝食。ラ・バゲットのトースト、ミルクティ、フルーツ、シリアル。食パンは彼が新宿まで買いに行く

朝ご飯コーナー。グラノーラ、はちみつ、紅茶は取り出しやすい棚に

しのよい台所にもう小さい人が並んで立つことはないのかと思った。二週間後、メールが届いた。

「もう少しがんばることにしました」

取材で家づくりや自分たちのことを話したら、心の整理がついて前向きな気持ちになったとのこと。

彼女たちのようにふたりきりで悩み苦しんでいる夫婦がどれだけいることだろう。ミルクティの朝ににぎやかな声が交じる日を私もそっと祈った。

ひとり流し台の前に立つ。再びの実家にて

生まれ育った家に舞い戻り、暑さ、寒さを引き受けながら台所に立つ。いろんな不便があっても、そのままなのは母の面影のせいかもしれない。

フリーライター、編集者・49歳(女性)
戸建て・3DK
東武東上本線成増駅・板橋区
入居13年・築41年
ひとり暮らし

香港で六年間働いた後、母の病気で帰国した。住まいは生まれ育った成増《なります》の木造一軒家。今は住宅密集地だが、幼い頃、家の前は麦畑だった。

「さあ親孝行しようと思った矢先に、母がすぐ亡くなってしまったのです」

言葉少なに語る住人。居間をフローリングにしたり、壁を貼り替えたりしたが、台所はそのままだ。醤油差しも網じゃくしも母が持っていたもの。ステンレスの収納棚だけ新調した。ところどころ、床が抜けそうなところがあるが、「そうなったらなったとき」と笑う。断熱材

台所は母がいた頃からほとんどいじっていない。 床の一部が少々沈むが「壊れたら壊れたときのこと」と住人は笑う

左が風呂・洗面スペースになる。収納が少ないが家具で整理。ものが多いのに使いやすそうだ

が入ってないので、冬は寒い。朝はストーブを焚いて温めることから始める。

料理は好きで煮込みや焼き菓子をよく作る。この日はりんごのケーキが出てきた。しっとりやわらかく美味だった。野菜は、近所の有機野菜の宅配業者を利用している。

「近郊の農家を応援したいので。大根を切ったら黒かったと伝えると、〝あ、ごめんごめん〟と返金してくれました。切ってみないとわからないし、中が必ず白いとは限らない。野菜って本来そういうものですよね。肥料の入り方や土と

右上）窓の向こうは、子ども時代は空き地だった。右下）国産のチーズに夢中。産地に行くことも。上）大きな家具が入らないので、どうしても隙間家具風のものになってしまう、とのこと。浅い奥行きはこの隙間にぴったり

の関係で、そのときどきで味も形も違うもの。プロダクトじゃないんだなとあらためて実感します」

　最近は国産のチーズの虜《とりこ》らしい。食べることも作ることも好きな人の話はとどまることなく、ケーキのあとはチーズの試食タイムに。でもね、と彼女はつぶやく。「母が生きていたら取材は受けなかったと思います。そんなの恥ずかしいよ～って言ったと思う」。今でもここは彼女ではなく、お母さんの台所なのだ。永遠に癒えない寂しさが透けて見えるようであった。

1 取材こぼれ話

普通の台所に民芸の風

百軒余りというささやかなサンプルから見えてきたことのひとつに、こんなことがある。

沖縄読谷村《よみたんそん》に北窯《きたがま》という著名な共同窯がある。雑誌の取材で幾度か訪ねた。一九九二年開窯。まだ歴史は浅いが、ひとつひとつ、ろくろで手作りしている。素朴で力強く、厚みのある個性的な読谷山焼きのやちむん（焼きもの）は、沖縄県内の食堂では広く使われている。

これが昨今の民芸ブームで東京にも広がり始めた。個人への普及は、東京や鎌倉の民芸店はもちろん、いちはやくアパレルブランドのビームスが店頭で紹介し始めたことが大きい。

本書の取材でも、独身・既婚に限らずとくに二十〜三十代の

31歳ひとり暮らしの女性が、2年前に母とふたり旅をしたときに北窯で買ったやちむん

女性に愛用者が多いことが印象に残った。もしかしたら、イケアや百円ショップのグラスと同じくらいの比率で、これに遭遇したかもしれない。

人気の理由はいろいろある。

価格が手ごろなこと。北窯は共同販売所が充実しているので沖縄旅行の定番コースとして立ち寄り、思い出に買う人も多い。

さらに、ブランドの洋食器などにはない素朴な温かみや、民芸品らしいぶれない安心感、手仕事のぬくもりが伝わる独特の味わいや沖縄の土を感じさせるおおらかさに、若い世代は強く惹かれたのではあるまいか。

使い捨てや大量生産・大量消費をよしとしない人たち。混沌として不確かな時代だからこそ、力強くて確かなものに惹かれる心情。生活にもっとも密着した身近な茶碗から、何がイエスで何がノーか、理屈ではなく感性で選び取っている若い世代が増えているのを肌で実感する。

我が家のお勝手クロニクル

この九年で四回越した。十五年前下北沢にコーポラティブハウスを建てたのだが、入居当初、住人のうちふたり子どもがいるのは我が家だけ。足音や生活音で迷惑を掛けるのがいたたまれなくなり、子どもが小さいうちは外に家を借りることにした。たいてい、計画性なしに家の持っている雰囲気などで決めてしまうので、子どもが大きくなると部屋が足りなくなる。結局その後も三軒住み替えて、先月、九年ぶりにコーポラティブハウスに戻った。長男十九歳、長女十五歳。見切り発車で引越し好き、浅はかな母に辟易《へきえき》している家族とともに住んだ、四つの台所を振り返る。

8年間続いた長男の高3最後の弁当。どの台所でも弁当作りは日課だった

その1　下北沢①

窓の前は路地。子どもらの遊び場で、夕方になると「ご飯だよ〜」の声があちこちから

築四十五年の木造純日本家屋。庭には池があり、台所には三河屋さんが「ちわっ」と入ってきそうな勝手口があった。台所収納が少ないので、もらい物の事務机を中央に置き作業台に。我が家が出たあとは貸しスタジオになり、昭和のドラマに使われるほど、趣きがあるのだが、古家はなにしろ寒い。足元から冷え、家の中でもマフラーが手放せない。耐寒力がつき、むしろ家族全員丈夫に。

その2　下北沢②

台所は2階。白い壁に合わせたくて、左の食器棚を友達に頼み込んで塗ってもらった

建築家の自邸という三階建て。台所がどの部屋よりも一番明るい。食品ストッカー、ペット洗いシンク、台所専用床暖房まであり、間違いなく生涯で最高の台所であった。ただ、靴を履いて降りていく地下の部屋がじめじめの極致で、長男部屋→夫婦の寝室に変わるも誰も使いこなせず、引越しに至る。

その3 調布

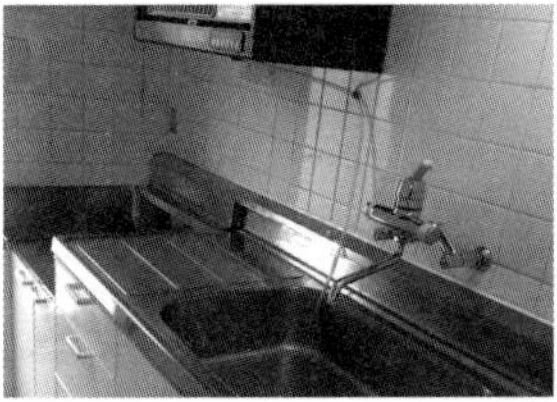

入居前。1年1か月しか住まなかったので、あまり写真を撮る間もなく引越し

地下暮らし不適合と判断、仙川駅前、ビルのペントハウスへ。5LDKで広々なのに、なぜか台所だけは激的に狭く、ひとり暮らしかせいぜいふたり暮らし用。ガスコンロもなく、新婚夫婦のように二十年ぶりにホームセンターに買いに行った。狭いのは動きやすくていいが、背面に振り返ることが多く、料理のたびめまいのように目が回る難点が。

その4 下北沢③

現在。ヘビースモーカーの夫対策で、台所奥ではなく手前に大きな換気扇を設置

十五年前に建てたコーポラティブハウスに戻る。蛇口やタイル一枚にまでこだわった自由設計。ふたりすれ違えない狭さであるが、自分にはこれで十分。建築時、お金がなくて棚だけだった天袋は今回リフォームで扉を新設。ガスコンロは入れ替えた。前の家から広さが約半分になり、ゴミの処分費が引越し費用の半分近くを占める大出費に。長男の部屋は三畳余りで、売れない芸人のそれ状態。

Ⅱ　台所図鑑

頭の中の九十八%が音楽という二十三歳の命綱

ミュージシャン・23歳(男性)
賃貸コーポ・ワンルーム
東武東上線成増駅・板橋区
入居2年・築20年
ひとり暮らし

アパートに鍵をかけない。パソコンとテレビは壊れたまま。ガスは「こんなに高いカネをはらうのはばかばかしい」と自ら解約。半年以上、水風呂で過ごした。

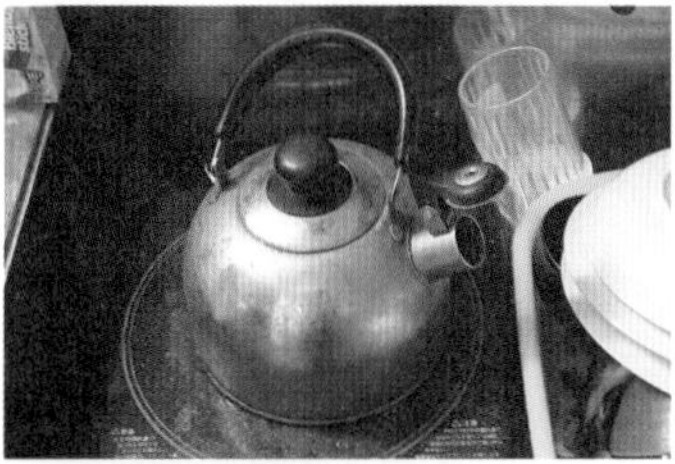

右）音楽のためだけの部屋。台所は隅にあるがほとんど使っていない。ロフトに上がると実家から送られた食材の入った箱がある。上）やかんは鍋代わり。下）炊飯器の下になぜかCD多数

大学卒業後、コンビニのバイトをしながらプロミュージシャンを目指している。食事は一日一食か二食。やかんでパスタを茹で、実家から半年に一度送られてくる顆粒《かりゅう》のパスタ用調味料で味付けする。野菜は帰省をのぞくと六年間食べていない。外食や飲み会もほとんどしないかわりに、CDは最低でも月十枚は買う。そこは節約しない。聴きまくって、自分の感性を刺激する。実家からの宅配便という命綱と、音楽という熱だけで生きている。

品川の街にとけこむ多国籍シェアハウス

20代から30代の男女（シェアハウス）
京浜急行北品川駅・品川区
築約30年
入居者10人

北品川駅から徒歩数分。古民家を改築した「ゲストハウス品川宿」は平均稼働率九〇%超。「こんにちは〜」と台所で明るく出迎えてくれた宿泊客、台湾人のチェルシーさ

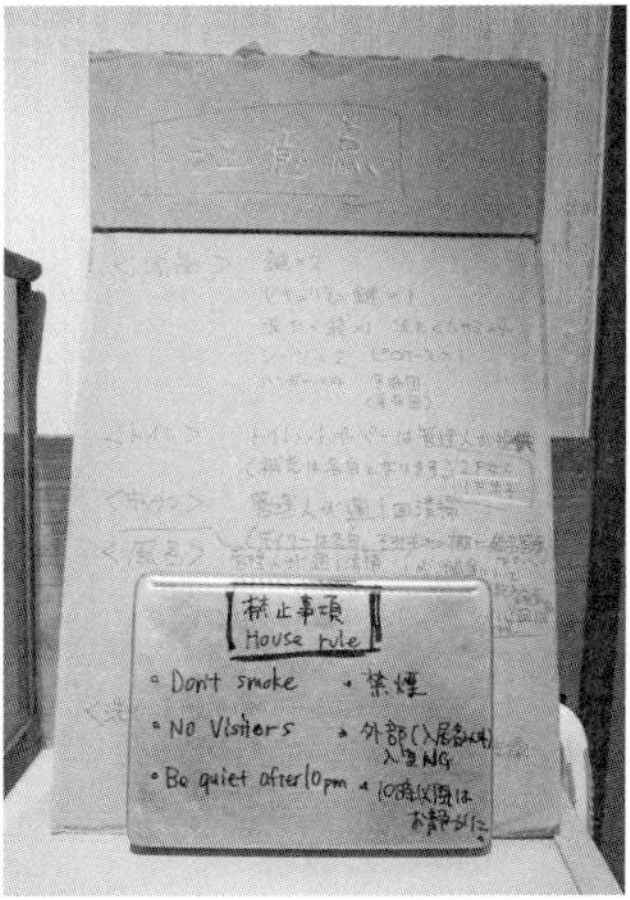

右）3〜4人はいっしょに作業ができる広さ。鍋釜類は備品で、ひと通りの調味料もそろっている。上）細かいルールはなく、注意事項は段ボール紙に少々。玄関に置かれている

んはアメリカ企業から日本に出向中だ。「台所を下見してすぐ決めちゃった。みんなでご飯を作って食べたり仲良くなれるのは楽しくていいよネ」。

町会や祭りに参加したり、銭湯へも行ったりする。住みながら街にとけこむというコンセプトがうけている。

シェアハウスの中だけで完結するのではなく、人と街が緩やかに繋がる。ただ安いから、楽しいからというだけではないメリットに、価値を見出す人たちが増えている。

大工が得意な夫と料理好きの妻。定住型ホームレス夫婦

廃品回収業・72歳（男性）
小屋・ワンルーム
福生市
入居6年・築6年
同業の妻（65歳）との2人暮らし

河原の葦《あし》やすすきの奥に石畳の小道が続く。両脇に植えた木々は、防風林代わりだ。

どこか日本旅館のような道の先に〝夫婦〟の家があった。ベニヤの屋根の台所、ご飯を

右）住居は立派な自作の小屋で、雨風もしのげる。スーパーや銭湯で会う友達には、自宅のことは秘密。 上）かまどで湯を沸かし体拭きや洗濯に使う。下）「まあ飲んで」と妻に缶コーヒーを振る舞われた

炊く釜、テーブルと椅子、小屋、野菜畑が整然と。なにもかも自作だ。

夫は昔、配管整備工をしていたので大工仕事は得意だ。青森出身、路上生活歴十二年。両親を早くに失くし、長兄家族のいる実家に居づらく、中学生の頃飛び出した。妻はかつて福生の赤線跡のスナックで働いていた。小麦粉のお焼きや海鮮炒め、お吸い物など料理が上手い。

もうすぐ彼女の故郷の鹿児島に帰るのだと二人は微笑んだ。

履き倒れの器好き。粋人の昭和空間

会社員・34歳(女性)
賃貸コーポ・1DK
東急東横線自由が丘駅・世田谷区
入居11年・築約40年
ひとり暮らし

アパートの扉を開けると、左右に靴のタワー、その向こうに台所がある。ファッション関連の仕事をしており、よくイタリアで買う。

「手作りの痕跡が感じられる

右）昭和風デザインの台形型吊り戸棚は、デザインも使い勝手も満点。下段に器、上段に靴を収納している。上）戸棚の中も靴箱がずらり！　下）猫柳柄の急須は鎌倉で閉店間近のお茶店で購入

昔ながらの靴が好き。イタリアの小さな工房で作っているようなハンドメイドは履き心地まで楽しいんですよね」

台所の吊り戸棚にも、炊飯器の下の棚にも靴箱が。

器は焼き物や陶器が多い。

「鈴木照雄さん、佐藤和美さん、五十嵐元次さん。買う作家の器は決まっています。手仕事の良さが伝わるものに惹かれます」

そう、つまり、靴と同じなのである。

フェラーリレッドの元気が出る台所

ワークショップコーディネーター・56歳（女性）
分譲マンション・1LDK
東京メトロ南北線白金高輪駅・港区
入居11年・築11年
ひとり暮らし

離婚後のある日、ポストに入っていたチラシを見て迷った挙句、新築マンションを購入。その物件のインテリアコ

右）部屋は7階。窓から高輪の街を見渡せる。宴会が多く、日本酒をボトルキープする客人も。上）台所もリビングも窓が多く光がたっぷり。夏もいい風が入る。下）収納も使いやすい

ーディネーターに、台所の色をフェラーリレッドに統一することを強く勧められた。

「派手だと反対したのですが、『あなたの生活にはきっとこの色が合うし、後悔しません』と。話すうちに私の性格を理解してくれたんでしょうね。なんでも車のフェラーリと同じ塗料を使っているそうです。実際、住んでみたら、鮮やかな赤は元気が出るし、L字型カウンターが半個室のようで落ち着くし、いちばん好きな場所になりました」

プロのアドバイス、お見事。

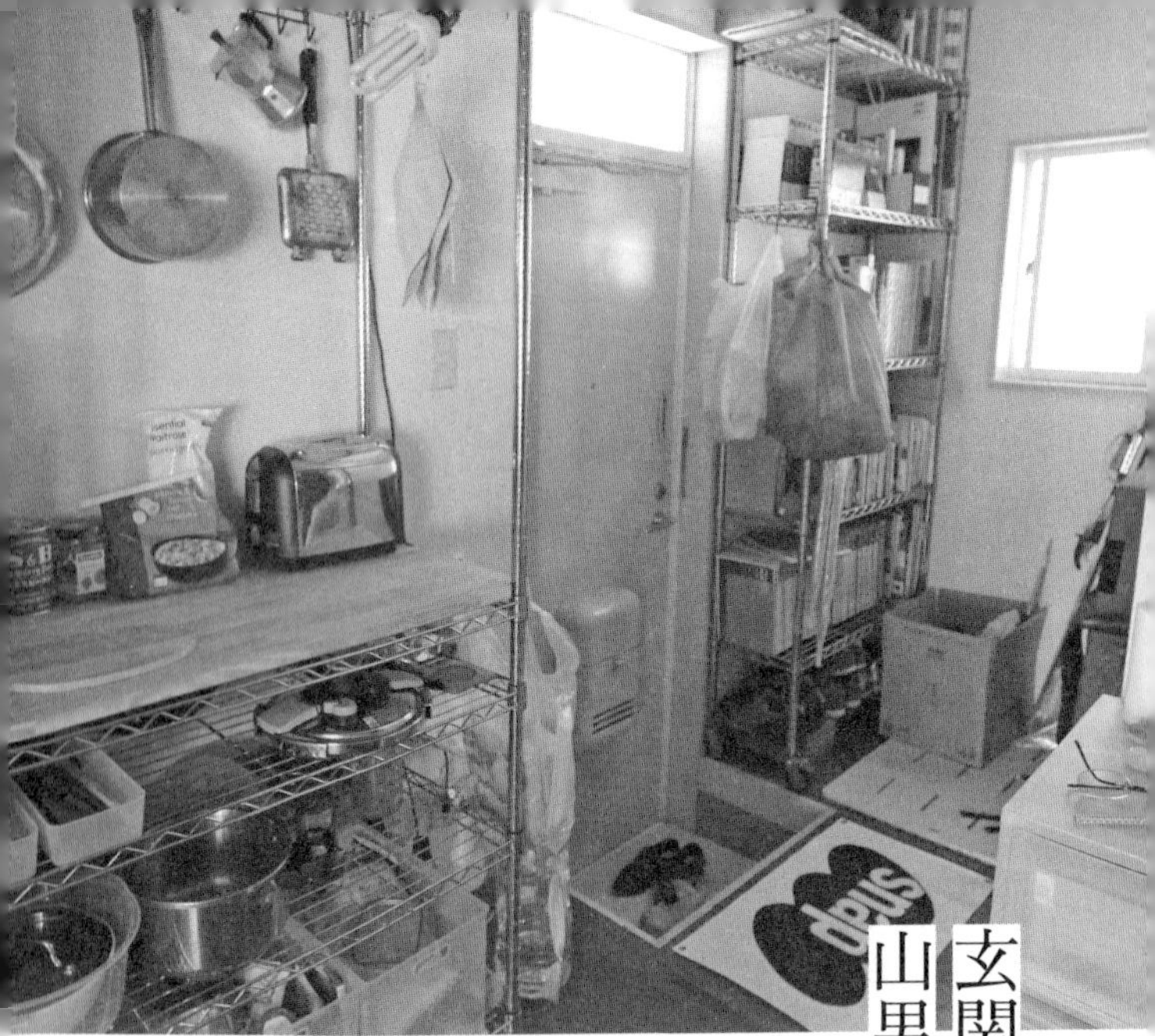

玄関脇に山男のコックピット厨房

アウトドアショップスタッフ・
36歳（男性）
賃貸コーポ・1K
西武新宿線沼袋駅・中野区
入居1年・築35年
ひとり暮らし

中学一年で登った富士山に感動。高校は山岳部、大学はワンダーフォーゲル部を経て現在は、山岳スキーの道具を扱う店に勤めている。趣味も

右）玄関を開けると台所。シンクの背面に作業台兼食品収納のラックが。上）結婚式の引き出物でもらったせいろ。下）ひとりのときは、パソコンデスクが食卓。ケフィアヨーグルトと塩麹を手作り

仕事にした彼の家は、料理道具が充実。まるでコックピットのように適材適所に収まる。

　自炊派で、冷蔵庫には手作りのヨーグルトと塩麹、冷凍庫には自作のきつね色のホットケーキが。遊びに来るのも山仲間だらけ。

「街の友達とはやっぱり違う。岩登りは命を預け合うので。何年会っていなくても〝最近どこ登った？〟と、ついこの間会ったように話せる。命がけなので本気で喧嘩するし、我慢しない。素になれます」

　大学院で学んだ建築とは無縁だが、日々はノンストレスだ。

毎月のパーティ用にリフォーム

ピアノ教師・53歳(女性)
戸建て・2LDK+地下+納戸
西武新宿線新井薬師前駅・中野区
入居12年・築25年
夫(会社員・53歳)との2人暮らし

毎月一回、夫と自分の友人十数人を招いてのホームパーティが二十年余も続いている。「ふたり暮らしなので、そういうことでもないと生活にメリハリがつきませんし、食事

右）システムキッチンはイケア。上）カボチャ型の鍋はル・クルーゼ。下）マヨネーズ（ベストフーズ）、種入りマスタード（マイユ）、ピーナッツバター粒なしクリーミー（スキッピー）は切らさない

もつい簡単になってしまう。人を招くと掃除や飾り付けや、部屋を見直すいい機会になります。旅先でもカトラリーを買ったりして楽しみも増える。定期的に人をお招きするのっていいですよ」

パーティ用に調理道具や鍋も入れられるエレクトロラックスの大型食洗機が欲しくて台所をリフォーム。白いイケアのフルオーダーキャビネットが新たな主役に。家の隅でいちばん暗かった台所がもっとも明るい場所に変身した。

インド・オンリー
バット・ノット・オール

大学講師・45歳（女性）
戸建て・2K
東京メトロ丸ノ内線四谷三丁目駅・新宿区
入居9年・築60年以上
夫（大学講師）との2人暮らし

インド美術史を教える彼女は、哲学や密教を研究するインド人の夫と、留学先で知り合った。

四谷の露路裏にある自宅は

右）インドの主婦は台所の椅子に座りながら料理をする。上）チャイ風に、甘く煮出したミルクティをよく飲む。下）充実のスパイスラック。黒胡椒は夫の実家で育てている

父の生家で、古い二間の平屋だ。ひと部屋は本と机ふたつで埋まっている。新宿区とは思えぬのどかな佇まいだ。

　和食は一切作らないので味噌醤油、みりんの類《たぐい》がない。料理はインドオンリーだが、インテリアや器はインド禁止だ。そのココロは。

「だって夫がインド人なんだもの。それだけで十分濃いでしょ？」

ほっと心がなごむ、おかえりなさいの小窓

会社員・47歳（女性）
戸建て・2LDK
東急東横線都立大学駅・目黒区
入居1年・築1年
夫（会社員・50歳）との2人暮らし

土地から買い、建築家に設計を依頼した。キッチンメーカーは十社見学。まる一年かかった家造りは、夫婦喧嘩の連続だった。

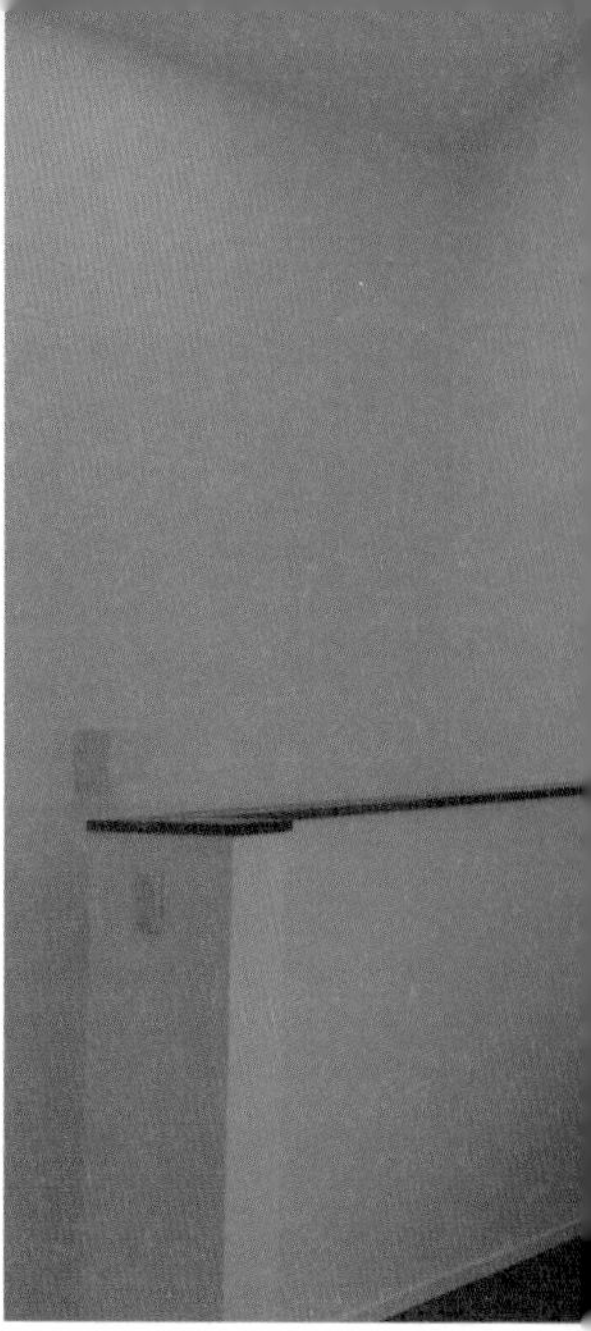

右）台所の奥に小窓が。右の窓前はデッキテラス。
上）イメージカラーは白、キッチンツールは白かステンレスか黒で統一。 下）北向きを感じない採光と通風の工夫がなされている

「夫も私もこだわるタイプなので」

そんなふたりが間取りやインテリア以上にこだわったのは、台所の小さな窓である。台所は北側の二階で、道路に面している。その道路側に、家の象徴になるような細長い窓をしつらえた。料理をしながら空を眺め、夫が帰ってくるのが上から見えたら、味噌汁に火を入れる。

帰宅時、外から見える台所の灯りを見るとホッと心がなごむ。まさしく、この家のシンボルである。

下町、ひとり暮らし気ままな彼の根城

フリーライター・45歳（男性）
分譲マンション・1LDK
東京メトロ日比谷線入谷駅・台東区
入居9年・築9年
ひとり暮らし

西麻布、歌舞伎町、新宿と夜の匂いのする街に住んだ末、親戚から紹介され、入谷の中古マンションを買った。

L字形の台所には大きな窓

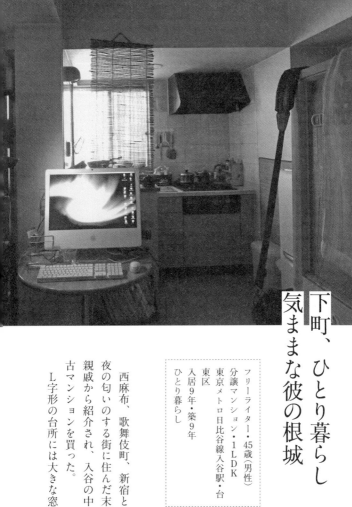

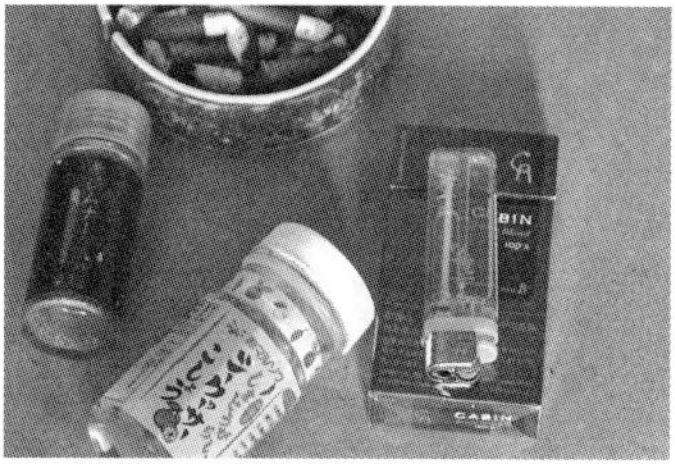

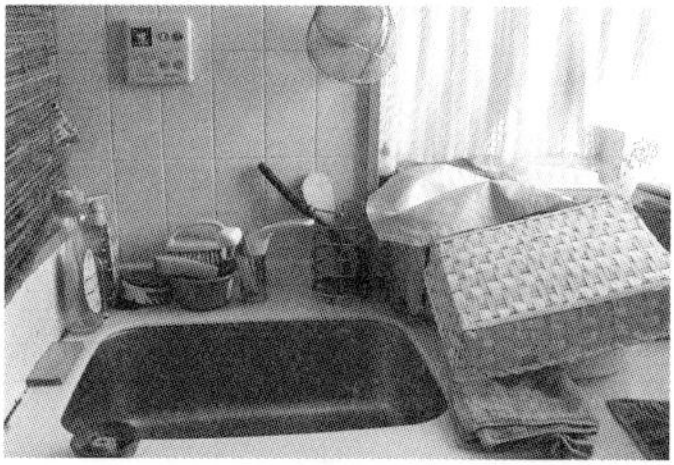

右）パソコンの右奥が台所。ベランダでは野菜を育てている。上）沖縄取材で買ったシークヮーサーこしょうと、激辛の唐辛子が最近のヒット。下）ブラシに金だわし、油汚れ用洗剤。掃除道具も揃っている

があり、たぶんこの家のなかでいちばん明るい。

週七日酒を欠かさぬ気ままな生活。料理に目覚め、男女問わず、友人を招いて振る舞うことも。鍋の翌日は、だしを使ってラーメンや雑炊にする。

「そんなふうに書かれると、男の独身生活丸出しで、なんだかせつないな俺」

いえ、その自由は財産です。

二十八歳、彼氏あり。器と寝起きする1K

会社員・28歳(女性)
賃貸コーポ・1K
都営地下鉄三田線西巣鴨駅・北区
入居2年・築2年
ひとり暮らし

新卒で新聞社に入社。四年目、千葉の実家から越した。

「駅からこのアパートに来る途中、あじさいが咲いていて。その風景で決めました」

右）ワンルームなのに対面式の台所に惹かれた。食器棚は下北沢のアンティーク家具店、山本商店で。上）ポットは陶芸家、村上躍さん作。手びねりや素朴なガラス作品が好き。下）洗いかごは戸隠で購入

好きな陶芸家やガラス作家の個展に目がないそうで、器が台所からはみ出ている。

会社で夜勤もあるが、料理はこまめにする。

恋人が来るときはとくにはりきる。得意料理はポテトサラダだ。和風ポテサラは、柚《ゆ》子《ず》胡椒《こしょう》と味噌を隠し味に、洋風はマスタードを入れる。具は焼きソーセージとゆで卵。

お気に入りの器に盛った特製ポテサラを出すと彼は毎回、「うん！　おいしい！」と、叫ぶそうな。

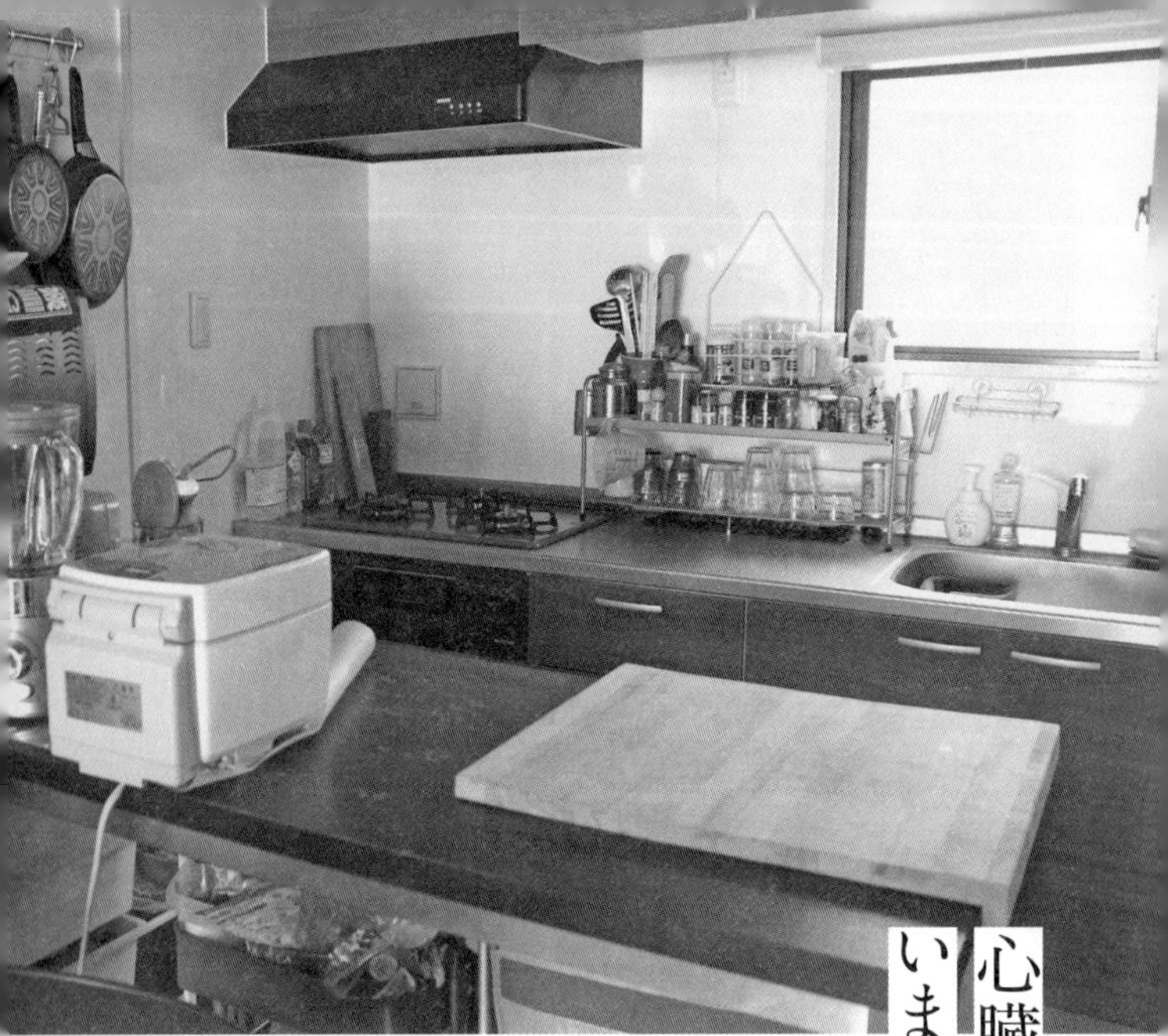

心臓病から三年。いまや料理の連載まで

会社員・38歳（男性）
賃貸マンション・3LDK
JR総武本線両国駅・墨田区
入居2年・築30年
妻（ライター・38歳）との2人暮らし

三十五歳で心臓病を患い、術後、血液をさらさらにするために玉葱を食べるようになったことがきっかけで、料理に夢中に。アパレルブランド

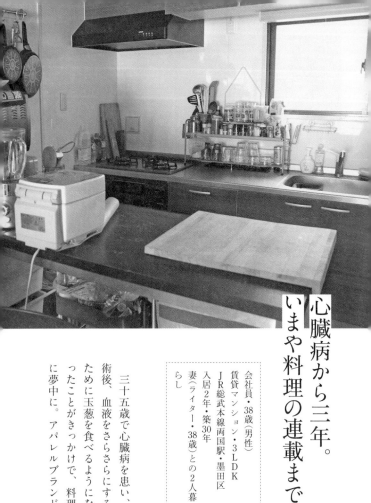

右）賃貸マンションで台所は収納が少なめ。作業台を置き、下も収納に活用。上）イケアの幅広まな板はピザづくりに便利。下）夫婦でコーヒー好き。食卓の上が道具の定位置

のプレス担当、多忙な男性だ。

夜十時過ぎに仕事から帰っても、必ず夕食を自分で作る。記録代わりに料理の写真をSNSにアップしていたら、反響が大きく、その縁で男性誌で料理の連載をすることにもなった。

「今は仕事の展示会で、一〇〇人分の料理を作ってほしいと呼ばれることも。料理をするようになって、不思議と仕事のほうもスムーズにまわせるようになりました」

三年前まで想像もしていなかった毎日が続いている。

青春の続きはオープンキッチンで

中野が好きなのは、近所に学生時代の友達が多く住んでいるからだ。卒業して五年、いまだに週二、三回は会い、オープンキッチンの部屋に越してからはここに集まることが増えた。

「前の家は、台所と部屋が分かれていたので料理するとき孤独で。今の台所は全て丸見えだけどわいわい話しながら作れるのが嬉しい」

いろんな鎧《よろい》を脱いで語り合える友がいる。それだけで中野は彼女にとってナンバー1の街だ。

会社員・27歳（女性）／賃貸マンション・1LDK／JR中央線中野駅・中野区／入居1か月・築1年／ひとり暮らし

上）手前左の扉が玄関。台所スペースだけ一段低くなっている。下）憧れていたポーランド陶器は恋人からのクリスマスプレゼント

三十年前に買った料理本がバイブル

高校生のとき、『赤毛のアン』を読んで、チーズケーキがどうしても食べたくなった。しかし、「実家が田舎すぎて」、町にケーキ屋がないので作るしかない。小林カツ代さんの著書『楽々ケーキづくり』を買って作ったのが菓子作りの始まりだとか。

イラストと文字だけのモノクロの本は、あちこちに、手書きのメモが挟み込まれた年季ものだ。先日は娘が同じ本でブラウニーを作った。この本の命の長さよ！

イラストレーター・47歳（女性）／分譲マンション・3LDK／小田急線千歳船橋駅・世田谷区／入居10年・築20年／夫（自営業・48歳）、長女（14歳）の3人暮らし

上）築10年のマンションを購入、システムキッチンを入れ替えた。
下）高2のときに買った『楽々ケーキづくり』。今は親子で愛読している

七歳下の彼と今夜も一献《いっこん》

会社員・31歳（女性）／賃貸マンション・1K／東京メトロ東西線葛西駅・江戸川区／入居2年・築22年／ひとり暮らし

駅から遠い。古い。四階でエレベーターがない。でも二年前、彼女は迷わずこの部屋に決めた。台所の広さに惹かれた。越してまもなく、恋人ができた。日本酒関連の仕事をしている彼は七歳年下。

なんでもよく食べる。おかげで料理熱が高まった。ところで、帰省したときの彼と彼女の父の会話がイカしている。父「娘のどこが好きなんだ？」彼「食べているところです」。子を授かり近々、籍を入れる。お幸せに！

上）「古い台所だけど2色タイルがちょっとかわいくて好き」。下）静岡のデザインユニット、タラスキンボンカーズの鍋つかみ

ないけどある。あるけどない

青山のど真ん中。購入時、一年かけてリフォームをした。もとの台所は、オーク調の暗い印象だった。シンク、床、壁、収納を替え、焼き肉のために、八人掛けの食卓の上に換気扇を追加した。「月二回くらい焼き肉をします。でも焼肉屋さんほどは臭いを吸ってくれないの」。なんでもあるが、青山には緑が少ない。それが寂しいと言う。あるけどなくて、ないけどある。だいたい人生はそんな具合にできている。

主婦・44歳／戸建て・5LDK／東京メトロ銀座線表参道駅・渋谷区／入居12年・夫（美術商・63歳）、長男（16歳）、長女（14歳）、実母との5人暮らし

上）ご飯を5杯おかわりする長男を筆頭に、家族5人の胃袋を支える広い台所。下）器好き。下北沢の和食器屋で集めたものが多い

原点は上司宅の食卓

白とブラウンを基調にした一六八平米の瀟洒《しょうしゃ》な一軒家。今でこそ、夫の同僚や子どもの友達家族を招くパーティ料理は得意だが、新婚時代は、ランチョンマットひとつあるかないかの生活だった。

「あるとき、彼の上司の家に招かれたんです。ご主人がイギリス人で奥様は日本人。部屋に入ると手作り感あふれるテーブルコーディネートが素敵で感激しました」

その十八年前の食卓の光景が彼女の原点だ。

主婦・48歳(女性)/戸建て・5LDK/東京メトロ日比谷線広尾駅・渋谷区/入居8か月・築8か月/夫(会社員・46歳)、長女(14歳)、長男(12歳)との4人暮らし

上)窓から明るい陽射しが入り、台所は1日中明るい。下)パーティが多いのでグラスや大皿が多数

狭小住宅で快適に暮らす条件

敷地は約九坪。三畳×二部屋、四畳半、六畳の三階建てのいわゆる狭小住宅である。四谷の住宅密集地だが、窓は隣家と視線が合わず、三階から玄関まで日差しが入る明るいつくりだ。

「狭いので、モノを持ちすぎないように気をつけています。冷蔵庫の中もぎゅうぎゅうは息苦しい。できれば調味料の瓶も持ちたくないくらい」と住人の弁。ハコだけではいけない。住み手の工夫で初めて狭小住宅の快適は成立する。

ウェブサイト制作・47歳（女性）／戸建て・4K／JR中央線四ツ谷駅・新宿区／入居6年・築6年／夫（会社経営・45歳）、長女（16歳）との3人暮らし

上）台所の脇にワークスペース。食器はシンク上の棚のものですべて。私用も客用も十分足りる。下）ダイニングと台所を仕切るのは造作棚と階段

取材こぼれ話 2

豊かな孤独

本書のテーマを東京に限定したのは、私自身が長野の田舎から上京して、東京という記号に特別の思い入れがあったからである。どんなに都会で颯爽《さっそう》と暮らしている人でも、きっと地方から出てきた人は、台所から故郷の痕跡が見えるはずだと思った。

また、東京生まれならではの物語もある。相続で手放さねばならなくなった人の家に呼ばれ、最後の情景を撮ったり、もうすぐ離婚するという人の台所を撮った。しんとした広い台所のあちこちに、住人の淋しさのかけらが落ちているようで、こちらまで胸がつまることがあった。

東京でのひとり暮らしには、自由も不自由もある。

四十五歳独身、フリーライターの男性は好きなときに呑み、好きなときに寝起きし、男女の友達を招いては手料理を振る舞う会を楽しむ気ままな生活だが、そんな自由より一緒に暮らすパートナーが欲しいとつぶやいた。ある年齢になると、作りすぎた料理を分け合う相手がいない不自由が、東京暮らしの楽しさを凌駕《りょうが》する臨界点が来ることもある。

後はずっと独身で十分楽しいと思っていたが、東日本大震災の日、部屋から外に出たら同じマンションに住む小さな女の子が、やはり自分と同じように母親と一緒に外に飛び出していた。平日の昼間に在宅しているような大人の男性は彼ひとり。「大丈夫だよ」と言いながら震えるその子の手を握り、部屋まで一緒に階段を昇った。その小さな手のぬくもりが忘れられないと言う。そのあたりから、自分も守るべき人を持ちたくなったようだ。

最後に、七十五歳の女性の忘れられない言葉を紹介したい。

「豊かな孤独は大事。でも孤立はだめ。とくに年寄りはね」

高齢のひとり暮らしの人ほど、取材を断られることが多かった。

豊かな孤独か、あるいは孤立か。どちらであっても、あらがいがたい東京の現実を写してみたかった。

あとがきにかえて

収納や建築がテーマの雑誌の取材をしているとき、生活の気配がにじみ出ていて、誰の真似でもない、その人の審美眼だけで統一された調理道具や器や鍋が並ぶ台所に心をつかまれることがあった。古くて狭い、なんでもないよくある台所を、自分が使いやすいように整えている。傷や欠けさえ味わいになるような、賑やかで楽しい空間。この人はここでどんな料理を作るのだろう。このおひつはどういうきっかけで買ったのだろう。取材テーマとは関係のない、ちらっと横目に映った台所のことで頭がいっぱいになって困った。日本茶喫茶の店主の自宅（一四ページ）、今はなき阿佐ヶ谷住宅（三〇ページ）、三鷹の文化住宅（二〇ページ）

などがそれである。

あるとき、平凡社の佐藤暁子さんから不意に「普通の人の家の台所の本を書きませんか」と言われた。一眼レフを持ったこともない私に、自分で撮り歩くのはどうか、と言う。

こうして七年前にぼちぼちと、台所を巡る旅は始まった。どれが普通で、どれがそうでないか、ものさしはない。けれども百数軒撮り歩いた今、振り返ると、ゴージャスなシステムキッチンや、人もうらやむ素敵な設備が整ったところはわずかで、流しと吊り戸棚があって、入りきらない酒瓶や野菜がちょっとはみ出ていて、エレクターシェルフや、無印良品やイケアの隙間家具を置く、ごくありふれた台所がほとんどになった。それが東京の「普通」ということかもしれない。

設備やスペースはみな似ていても、食を巡る物語は百人百様だ。一切料理をしない人も含めて、すべての人にかけがえのない思い出や物語がある。まな板一枚、煤だらけのアルミ鍋ひとつから、喜びや愛情、ときに哀しみ、人には言えなかった言葉、迷いや別れを巡る話に広がったりして、私は泣いたり笑ったりした。想像もしていなかったドラマが台所のあちこちにしみついていて、それらのほんの一部でもすくいとることができたらと、下手なカメラと筆の力に悪あがきをする自分がいた。

台所はきっと誰にとっても、本棚やクローゼットと同じくらい見られたくない場所だ。そんなプライベートな場所にカメラを担いで図々しく踏みいる私に、快く扉を開けてくれたすべての方々に心から御礼を申し上げたい。ありがとうございました。

さて、本書にはもうひとり、生みの親がいる。佐藤暁子さんと手探りでぽつぽつと始めていたこの企画に『東京の台所』と命名し、連載として大きく育ててくださった朝日新聞社デジタル本部『&w』編集部の諸永裕司さんである。諸永さんは毎週、作品に対して真摯に向き合い、妥協を許さず、この企画にとって最良の道を一緒に探し、照らしてくださった。

取材者探しから今日まで長いトラックを併走してくれた佐藤さんとともに、改めてお二方にこの場を借りて謝意を表したい。

過去に拙著を手がけていただき、いつかもう一度と願っていた装幀家の横須賀拓さん。彼もまたこの企画が始まったときからの心強い理解者だった。

いささか長いあとがきはこれで終わりである。次はあなたの台所の物語を聞かせてはいただけないだろうか。

二〇一五年二月、東京・下北沢にて　大平一枝

文庫版あとがき

名前も、住人の顔も出ない台所の物語が、どれだけの人に受け入れられるのか見当もつかぬまま、『東京の台所』の取材は、二〇〇八年に始まった。五年後、朝日新聞デジタルマガジン『&w』の創刊とともに連載開始。つてを頼っていた取材対象者は、主として自薦の応募制になった。

当時は、雑誌でもテレビでも、台所特集のほとんどは「キッチン」という言葉が使われた。キッチンインテリア、キッチン収納、キッチンデザインというように。

現在は、あえて「台所」と冠するメディアが増えてきたように思う。それは

「お勝手」にも通じる、日本の風土に根ざした食の営みを見直そうという時代の流れと無縁ではあるまい。

台所という言葉は、親から子へ受け継がれる大切ななにかが育まれる空間というイメージを彷彿《ほうふつ》させる。道具やデザイン、インテリアという表層の記号の奥にある、心の部分をすくいとろうとするとき、この二文字はひどくしっくりくる。食を媒介に人が行き交う場所。たとえひとり暮らしのワンルームでも、味噌の香りや皿のしまい方の癖から、不意に親の姿を思い出すことがあるだろう。そこにいなくても、台所からつながる記憶の向こうに、母や父や祖父母がいる。

そう、今は台所を語りながら母を語る人もいれば、父を思い出す人もいる。在宅ワークが増えたこの三年ほどは、料理をする若い男性からの応募がぐんと増えた。彼らにとって、料理は特別なことではない。共働きの家庭が増え、日頃から台所に立つ父親の背中を見て育った新しい世代だ。「父の作る餃子がおいしかった」「土日の朝は父が朝食係で、ホットケーキが楽しみだった」というようなエピソードがこぼれ、時代の変化を台所から知った。

丸十一年の今でこそ、どんな人の台所にも物語がつまっていると、知ったふうな顔で記しているが、本当にそうわかったのは本書を上梓した頃だ。始めた頃はただただ、市井の人の台所を記録したいという一心だった。東京という多様な職業、バックグラウンドを持つ人々が暮らす街を台所から切り取ったら、何か見えてくるものがあるのではないかと。

訪ねてみると、想像以上に台所の物語は奥が深かった。

取材後も、離婚しました、子どもが生まれました、がんを患った、海外転勤になった、家を買いましたなど、さまざまなメールをもらう。各誌紙で仕事をしているが、一期一会の取材相手から人生の変化を報告されることは極めて稀だ。たった三時間ほどの邂逅《かいこう》が、お相手の心にも何らかの作用をもたらしているのだとしたら冥利に尽きる。

しかしそれは、私の力ではなく、台所という空間が持つ魔法のおかげである。素になって誰にも話していないことをついポロリとこぼしたくなる、あるいはあのときの自分はこう思っていたのかと、語りながら気づかせてくれる台所の魔法。

このたび大幅に加筆修正しながら憧れの文庫として、再び航海を始める僥倖《ぎょうこう》もまたそのかけらなのだと思う。あらためて関係者と、読者のあなたに御礼申し上げたい。

二〇二三年十二月、東京・世田谷代田にて　大平一枝

本書は二〇一五年三月に刊行された『東京の台所』（平凡社）を
加筆・再構成したものです。

毎日文庫

東京《とうきょう》の台所《だいどころ》

印刷　2024年1月20日
発行　2024年1月30日

著者　大平一枝《おおだいらかずえ》
発行人　小島明日奈
発行所　毎日新聞出版
〒102-0074
東京都千代田区九段南1-6-17 千代田会館5階
営業本部：03(6265)6941
図書編集部：03(6265)6745
ブックデザイン　鈴木成一デザイン室
印刷・製本　光邦
 ISBN978-4-620-21062-9